少而美的极简生活

[日]枡野俊明 [日]冲幸子 著

U0933680

上海交通大學出版社
SHANGHAI JIAO TONG UNIVERSITY PRESS

内容提要：本书主要介绍了如何在目前物质极其丰富的生活环境中放下多余的、不需要的东西，从而使自己过上简单朴素的生活，达到内心的宁静和精神富足。

图书在版编目（CIP）数据

少而美的极简生活 /（日）枡野俊明，（日）冲幸子著；黄若希译. -- 上海 : 上海交通大学出版社，2020

ISBN 978-7-313-22992-2

Ⅰ. ①少… Ⅱ. ①枡… ②冲… ③黄… Ⅲ. ①生活方式—通俗读物 Ⅳ. ①C913.3-49

中国版本图书馆CIP数据核字(2020)第033435号

少而美的极简生活
SHAO'ERMEI DE JIJIAN SHENGHUO

著　　者：[日] 枡野俊明　[日] 冲幸子
译　　者：黄若希
出版发行：上海交通大学出版社
邮政编码：200030
印　　制：固安县京平诚乾印刷有限公司
开　　本：889mm×1194mm　1/32
字　　数：120千字
版　　次：2020年5月第1版
书　　号：ISBN 978-7-313-22992-2
定　　价：49.80元

地　　址：上海市番禺路951号
电　　话：021-64071208
经　　销：全国新华书店
印　　张：8
印　　次：2020年5月第1次印刷

告读者：如发现本书有印装质量问题请与印刷厂质量科联系
联系电话：021-33854186

赶走烦杂，重拾珍爱。

前言

当下，人们生活在各种物质的重重包围裹挟之中。虽说物质的极大丰富给我们带来了便利且舒适的生活环境，但物质丰富并不等同于内心丰饶。

好比日本的明治时期，没有电视电脑，也没有手机，却也决不能说那个时代的人们生活不富足。那时的人们，以风花雪月为友领略四季更迭，为享受秋日丰收之喜悦而努力播种、细心耕耘，为感恩五谷丰登之富饶而抬轿祭祀、敬谢神明。寒来暑往，春去秋来之中，人人过着精神富足的生活。

这难道不是尽管物质匮乏，内心却丰饶富足的生活吗？然而，在当下，物质愈来愈富足，精神却不见富足的大有人在。

这该如何是好？

那便是只留下真正需要的东西，简单朴素地生活。多余的、不需要的东西要毫不犹豫地放下，尽可能过得简单。

为了拥有这种生活，扫除是第一要事。这不仅仅是单纯地扔掉多余的东西，打扫干净房间即可，同时也是**拂拭内心尘埃（欲望、执念、虚荣、嫉妒等），磨砺心灵的修行。**

杂乱无章、一片狼藉的房间，正是内心杂念的真实写照。

本书中，笔者与扫除专家冲幸子一道，融合禅宗的思维方式，向读者传授简单生活的扫除、收纳方法（第一、二章），以及拥有物质简单、精神富足的人生的方法和诀窍（第三章）。

愿助大家走向安稳静好且精彩纷呈的人生之路。

二〇一四年六月　建功寺方丈

枡野俊明

目录

第 章

扫除，是谓净化心灵、磨砺心性。

——枡野俊明

第一章

整理身边环境和消除内心负担的『减法』整理术。

——冲幸子

第二章 心灵大扫除——教你如何拥有清净简约的生活。

——枡野俊明与冲幸子对谈

像打磨自己的心灵一般打扫庭院。在修行僧们生活的禅寺中，扫除被视为与坐禅同样重要的修行，须彻底奉行。

第一章

扫除，
是谓净化心灵、
磨砺心性。

——枡野俊明

置身洁净之处，
内心自然清明

屋乱即心乱

让我们从“禅和扫除”中最重要的一环开始说起吧。旧时曾与一位烦扰于工作和人际关系的年轻男子相谈。

“学会坐禅，是否能让内心稍霁，不再迷茫？”

彼时他正独居于公寓中，于是我问他：“您的房间收拾整洁了吗？”对方不觉一怔，大概心想，这个问题和自己的人生问题有何关系？略显讶异地回答道：

“我很少打扫，家里有些凌乱。但一个人住也不会给别人添什么麻烦，算不上什么大事。反正只有晚上睡觉时才回去。”

听到这话，我想，这位先生实在大错特错了。一个人所居住的房间正是其内心世界的外在表现。在每天都收拾得整洁干净的家中，其主人的内心世界也必然是井井有条，清楚地知道自己想做什么，应该做什么。因此也不容易为不必要的事情感到不安和烦扰。

置身打扫得干净清爽的地方，内心也会随之整肃一新，变得清明起来。

而在衣服、杂志及生活用品到处乱扔，连下脚之处都没有的家中，主人常常无所适从，注意力无法集中，无名焦虑，极易导致心情忧郁，胡思乱想，烦恼缠身。在杂乱的空间中，内心得不到安宁，容易心生迷惘，容易起妄想和执念。仅仅是垃圾堆积的数量或是东西杂乱的程度，就会让人心生杂念，陷入混乱的状态。

这便是屋乱即心乱的证据。

我对那位先生说：“**房间杂乱，是因为您的心绪混乱。虽说这并不妨碍他人，但您自身杂念缠身，就是最大的烦扰。**修行坐禅虽好，但在那之前，先试着把房间收拾整齐，并整理干净内心，如何？”

不仅是这位先生，世间多少人居住在杂乱的房间之中，却觉得不妨碍他人便无关紧要。明知房间最好打扫干净，却因为嫌麻烦而置之不理，这样的人更不在少数。说不定正在阅读本书的您也是其中一员。这一点当真可怕。

房间杂乱还能若无其事地居住，是因为对脏乱已经司空见惯，对污垢已经感到麻木了。这一点真实地反映了自己内心杂乱的严重程度。

希望大家一定要对此有深刻的认识。人类本性懒惰。正因如此，稍有大意，便会随意放纵自身，贪图享乐。不愿意做费力的事，想尽办法逃避。打扫住宅就是最典型的例子，如果放任不管，很快就会积灰蒙尘，东西散乱。为了遏制这一趋势，首先要整理好自己的日常生活用品，规范自己的生活。佛曰：“**人心易乱，是因律之**。”

好在人只要身处整洁干净之处，自律意识就会随之增强。此前觉得“太麻烦，就这样吧”而试图拖延处理的小污垢，现在只要注意到了就会立刻处理干净。这都是因为内心已经整肃一新。

扫除是整理内心、严明自律的第一步，是重中之重。

所谓扫除，就是打磨自己的内心

禅语中饱含了许多教导人们如何活得美丽精细的智慧。比如，“**一扫除，二信心**”这句禅语。它是指修行中首先要做的是扫除，培养信心是扫除完成之后的事情。只有将尘埃拂拭干净，仔细清洁，把所在之处认真打扫干净，才能整理好内心，从而产生信心。信心的产生需要洁净的环境。环境不够整洁干净，内心也无法明净清爽。这是最基础的禅式思维方式。

为此，在修行僧们居住、生活的禅寺中，扫除被视为与坐禅同样重要的修行，需彻底奉行。除了一日三次（早餐前、上午、晚餐后）用抹布擦净正殿和其他各殿的每个角落，强风多尘的日子里更要多擦拭打扫一到两次。此外，院落也要根据天气情况随时洒扫。禅寺的扫除如此细致周到，几乎不见一尘一土。无论是正殿还是院落，都极其干净整洁。走廊地板甚至光可鉴人。

即便如此，修行僧们每天还要反复打扫多次，这是为何？

扫除的目的不仅仅是去除污垢，更是磨砺心灵。因此，禅寺的修行僧们认为，**要像磨砺自身一样擦拭地板**。人生来本是纯洁无垢的。婴儿的内心没有一丝阴霾。

然而，随着年龄的增长，人的内心渐生尘埃，佛性日渐暗淡。贪欲、愤恨、执念、嫉妒、偏见便是其中的典型。如此种种，一旦放任滋长，就会像污垢一样缠身，成为心头挥之不去的烦恼和杂念。如此反复纠缠下去，挣扎受苦的不是别人，正是自己。正因如此，为了避免内心沾染尘埃，必须时时拂拭。

如果说坐禅是“静态修行”，那么扫除就是“动态修行”。扫除要专心致志。洒扫就专心洒扫，擦拭就专心擦拭，把注意力集中在眼前正在做的这件事上。这是禅之根本。通过这一修行可磨炼佛性。每去除一点污垢，每扔掉一点垃圾，内心都会轻松一分，心情也会清爽一分。内心阴霾得以消散，心灵变得干净清爽。

大家打扫自己家时，一开始可能会觉得“麻烦死了”，无法集中注意力。比如，房间的角落不好打扫，那就算了吧；又比如明明看见了没有打扫到的地方，却想着“下次再扫吧，今天就算了”。住在乱糟糟的房间里，内心的凌乱也会被无限放大，自然更懒怠打扫了。

此时，不必一味喟叹自己的意志软弱，更不要勉强自己去克服这一软弱，而是应该把精力集中在打扫上，只管比之前更用心、更仔细地去打扫。如果心中杂念不断，无论何时扫除都只会让人叫苦不迭。

最重要的是，**心无旁骛地把注意力集中在眼前的工作上。**无念无想，单纯地重复手中的工作。这样一来，内心在不知不觉间会变得明净整然，发现被遗漏的污垢，也会毫不犹豫地立即收拾干净。

扫除完后看着收拾得整洁清爽的房间，真可谓一大乐事。这种神清气爽的感觉，正是内心得到磨砺的佐证。

磨砺心灵，首先要规范行为举止

禅语有云：“威仪即佛法，作法是宗旨。”

所谓威仪，是指衣着整齐的仪态和礼节得当的行为举止。意思是日常生活中一切行为举止、礼法仪态均受教于佛祖，且对自身日常行为的规范也是禅修的一种。

禅宗讲求“**行住坐卧**”，日常生活的一切均是修行。“行”指行走，“住”指站立，“坐”指坐下，“卧”指睡卧。佛教中称此四种为四威仪，包含了日常生活中的一切行动。从晨起至夜晚就寝，无论所在何处、所做何事，一举一动皆是修行。为此，僧人们在就寝、起床、用餐、行走、沐浴等过程中，举手投足间的一切起居行动都要受到约束，诵读的经文和顺序也都是固定的。所谓禅修便是规范一切日常行为举止。

禅宗认为，**通过对行为举止的规范，心灵也会首先得到磨砺。**

虽然禅是心灵的修行，但磨砺心灵首先需要规范行为，如果一味轻视行为的修行，心灵的修行同样无法完成。因此，磨砺心灵之前，必须认真规范日常生活中的一切行为。通过规范外在举止，自律己身。言行举止变得端肃，自然心术端正。反之，持身不正，则持心不纯。

比如说，初中或高中时，暑假结束一开学，你会惊讶地发现，很多原本认真又老实的学生，突然之间开始染起了头发，衣着很随便，言语也变得粗俗不堪。这是因为受坏朋友的影响，日常生活中的言行举止变得粗暴，心灵和言语也就随之变得不端。

房间变得凌乱不堪，或者养成躺在沙发上吃点心的不雅习惯，又或者言语习惯、用餐方式变得粗俗等，这些乍看之下似乎不算什么大问题，但您要知道，行为举止不端的表象之下，实则暗藏着内心的杂乱。

稳重得体的行为举止是安稳且充实的人生基础。因此，佛法教育我们，**要实现内心丰富的人生，必须先清净“三业”**。所谓“三业”，是指“身业”“口业”和“意业”，意在教育我们要好好整肃“身（身体）”“口（言语）”“意（心灵）”，认真生活。身业清净意在规范行为举止，口业清净意在言语文雅体贴，意业清净意在常怀不偏执的柔软之心（即柔软心）。

心灵的磨砺绝非朝夕可得。首先要规范行为举止，注意用词文雅得体。按顺序下来才能磨砺内心。

之所以说禅宗认为一扫除二信心比什么都重要，也是因为磨砺心灵首先需要规范行为举止。扫除是一件麻烦事，因此容易被疏忽。从这一点很容易就能看出真正的自我。正因如此，更要像磨砺自己的内心一样打扫庭院、清洁地板。置身洁净之处，自然举止端正，言语文雅。不偏执的柔软之心也在扫除的过程中油然而生。

鞋子要仔细摆放整齐

大家应该都在寺院的玄关处看见过写着“脚下照顾”（或“照顾脚下”）的木牌或贴纸吧。其意为“仔细查看脚下，观察鞋子是否乱扔乱放。脱下来的鞋子要仔细摆放整齐”。

实际上，这一禅语的真意更为深奥。禅宗认为，意识不到自己有乱扔乱放鞋子这一习惯的人，其内心必是凌乱不堪的。长此以往，心灵将会难以得到整肃。老话说得好，从玄关就能看出一个家的模样。事实上，一个鞋子摆放得整整齐齐的家庭，生活在内的人大多心绪平和、感情和睦。相反，鞋子散乱的家庭，总让人觉得没有着落，似乎缺乏和气。

内心的凌乱会体现在你的脚下。

不好好摆放鞋子的人总是认为这类小事无所谓。然而，玄关内鞋子摆放得整齐与否，正是内心状态的直观体现。鞋子乱放还觉得无所谓的人，家里和车里乱糟糟的也同样会觉得无所谓的。因为他已经对自己内心的凌乱感到麻木了。

回家后，把脱下的鞋子仔细摆放整齐，在日式料理店用餐时同样也要如此。这件事只要简单地花上几秒钟即可，谁都能做得到。如果这都做不到，说明心思不在这里，没有把注意力放在眼前要做的事情上。原本应该集中在此的心思，却飞到九霄云外了。

收拾鞋子，是为了将不知游离在何处的心（即凌乱的心）收回到原本该在的地方。也可以说是为了重置凌乱的内心世界。鞋子没有收拾好，心情就无法安定。因此，无论多么着急、多么疲惫，都不能自暴自弃、乱扔乱放。

只要内心萌生了不自暴自弃的想法，心灵就会得到磨砺。

禅宗认为，单是通过整理鞋子这一件事情，就可以看出一个人的内心。看不见自己脚下的人，也看不见自身，更无法清楚地确定自己人生的前进方向。这是因为，在心绪混乱、内心阴云密布的状态下，无法看清自己的人生之路。

大家家中的玄关内，鞋子是否都已收拾得整整齐齐了呢？反省自身时，要注意养成脱下鞋子立刻摆放整齐的习惯。通过这一习惯，使得当下凌乱的心灵尽可能回归本心。

重要的是，**要在产生嫌麻烦的情绪之前，也就是内心感到厌烦之前，脱下鞋子后立刻收拾好。**“脱下、摆好”，要让身体牢牢记住这一连串的动作。无须刻意思考步骤，身体自然而然就采取行动了。

养成随手整理鞋子的习惯后，日常生活的方方面面也会变得干净利落起来。如果想改变自己的人生，首先要从脚下入手。

行为举止如果变得规范有序，心灵也就得到了磨砺，生活方式也会愈加优雅。人的本性如此。

打扫厕所，净化心灵

在禅寺中，有三个地方是禁止言语的。

分别是“浴司”“僧堂”“东司”三地，合称为三默道场。浴司即浴室，僧堂是坐禅、用餐、就寝的地方。东司则是厕所。这些地方都是容易放松的地方，不知不觉就会产生交谈的欲望。看到这里，也许有读者会心想，“欸！难道吃饭的时候也不能说话吗？”

确实，现如今，用餐时在餐桌上说说笑笑是一件再平常不过的事了，但放在从前的普通人家中，却是想也不敢想的。那时候默默吃饭才是理所当然的，孩子们偶尔开口说一两句话，也会被父母训斥，让其闭嘴吃饭。

专心一意，吃饭便专心吃饭。这一禅式思维方式曾经广泛地渗透到许多普通家庭中，但不知何时这一习惯却崩坏殆尽了。这应该是自20世纪60年代经济高速增长以来，电视在千家万户中迅速普及带来的影响。

这一点姑且不论，在禅宗中，一切言行举止都是修行。无论是用餐，还是沐浴，又或是如厕，一切都是修行，都**必须把注意力集中在眼前的事情上**。如果恣意交谈，心思不在吃饭上，就不能成为修行了。正因如此，禅寺中特意将戒言禁语、禁止随意发出声音的重要修行之地称作三默道场。

即便是在如此重要的三默道场之中，**东司，即厕所，也是作为禅修重点扫除中的关键所在，可谓重中之重**。比如说，在禅寺中，作为修行僧之首的首座每天要和负责杂事的僧侣一起，在夜深人静大家都入睡之后，默默地打扫厕所。这一工作要持续三个月左右。每天深夜，无论刮风下雨还是大雪纷飞，都要光手光脚，从地板擦到坐便器，用抹布擦净污垢，一心打扫。

说到打扫厕所，总有人觉得是普通人干的杂活。但禅寺中深夜打扫厕所的工作，却只有一心求道且受到其他修行僧一致尊敬的优秀禅僧才能胜任，是重要至极的修行。

曾有先师和供奉在厕所门口的乌枢沙摩明王（又称火头金刚，中国民间称秽迹金刚）通过清洁厕所这一功德，在东司内悟道成佛。刚打扫完的地方，充盈着洁净清爽的空气。深吸一口气，身心自然舒展。厕所更是如此，看着擦得干干净净的坐便器和地板，着实让人心情舒爽。这是因为扫除时，内心也得以洗涤。

当然，有工作或家室的普通人无法像修行僧一样一日扫除多次。

但我有一个小小的建议，至少要养成每天早晨打扫厕所的习惯。不知读者朋友们意下如何？无须处处精细，步步周到。只须每天在使用时顺手擦擦地板、刷刷马桶即可。

禅宗将人们所结的善缘称作“吉兆”。如果能坚持这一习惯，对心灵加以磨砺，以清爽之心开启一天的生活，那么这一天也必能广结善缘、多承吉兆。

与其得到，不如放下

希望自己的生活有所变化，就要改变生活方式。

人在萌生改变自身的念头时，常常会想，某样东西还不够（或是没有某样东西），如果能这么做的话（或是如果能更加如何的话），生活一定会更美好。这里的“某样东西”因人而异。有可能是学历，也可能是语言能力，又或者是金钱，又或者是减肥所需要的工具，还有衣服首饰、无须偿还房贷的住宅等，如此种种，不胜枚举。

人们认为，生活不顺利是因为缺少某样东西，只要有了这些东西，自身一定能有所改变，过上幸福的生活。

禅宗却认为并非如此。**想要改变人生时，并不是要去获得某种自己欠缺的东西，而是要从舍弃自己不需要的东西开始入手**。比起得到，请先思考如何放下。禅宗认为，这才是最重要的。

大家试着环顾一下家中四周。**家里放着的，确实都是生活必需品吗？**都是只要少了就无法正常生活的必需品吗？如家中堆满非必需品，则说明自己的内心杂念重重，也说明自己内心充斥着贪欲、执念、虚荣、嫉妒等。这些东西会扰人心智、蛊惑人心，是导致房间堆满多余杂物的元凶。如果放任自流，房间里的东西只会越堆越多。

因此，家里不需要的东西、无用的东西、多余的东西，都必须处理干净。或是送与他人，或是卖给旧货店回收利用，或是寻求别的用途等，处理的方法有很多。到别无他法可想时再丢弃。

处理掉多余的东西后，仔仔细细地把房间的每个角落都打扫干净，不留一丝尘埃。把家中一切多余或碍事的物品全部拿出来处理干净。这样一来，**内心充斥的贪欲、执着、虚荣和嫉妒等杂念，即导致房屋堆满杂物的元凶，也可随之一并去除了。**

丢掉不需要的东西，整理好房间并打扫干净。让房间和心灵都变得洁净清爽且简单朴素。此时，凌乱的心绪整肃一新，人也会从杂念中解脱出来，找回一度迷失的本心。

找回真我，才能够拥有自由自在且轻松愉快的人生。生活在身边只留有必需品的物质世界中，方可内心安稳，平淡度日。比起得到，更要学会放下，这才是内心丰富的人生。

人原本就是“**本来无一物**”的存在。赤裸裸地降生人世，两手空空地踏上人生之路。多至满屋满室的身外之物，实非必要。

在禅寺中，修行僧们又被称作云水僧，这一名称正是出自“行云流水”一词。像是悠悠然飘浮的袅袅游云，又像是绵绵无间息的潺潺流水，不带一物，也无物可阻，只一心向道，云游前进。这正是修行僧们云游四方的姿态，因此得名。与其得到，不如放下，多少应当勉力接近修行僧们的这一境界。

以“知鉴”之心物尽其用

很多人一想到收拾房间就觉得麻烦，不外乎是因为东西实在太多了。若都是生活必需品尚且情有可原，但大都是多余累赘之物。或是不知何时才能派上用场，或是高价购入的奢侈品，又或是亲朋密友馈赠之物。虽说累赘，却总有这样那样的理由不肯丢弃。这样的人应该不在少数。

不肯放下的理由不在他人，无非是由于自身执念而作茧自缚，执意给自己找理由留下它。

禅宗教导我们，这类作茧自缚的执念之心，断不可留。那么，如何才能放下不需要的物品呢？先说结论，答案就是制订规则。

以三年为基准，这是我常常挂在嘴边的一句话。三年间一次也没有用过的东西、一次也没有穿过的衣服等，三年不用，以后大概也没用了。从经验上来说，我想大家也能认同这一点吧。

那么，以三年为基准，处理不要的物品时，可以考虑以下四种方式。

（1）送给朋友或熟人；

（2）转卖给旧货店回收利用；

（3）认为确无其他用途（改做他用）；

（4）最后的最后，丢弃。

如果觉得有人能用得上，就问问朋友或熟人是否需要。卖给旧货店回收利用或是参加各地义卖活动，也不失为一个好方法。如果是家中的旧衣服，各地似乎都有免费回收的机构可供咨询。

除此之外，思考这些东西是否还有其他用途或新的用途也很重要。**某样物品在某种用途用尽后，予之别用，使其重获新生，禅宗称之为“知鉴”。**

比方说，以前禅寺中都有石臼，用于磨豆取粉，保证食材供应。石臼用上三四十年，就会变得破旧损坏，无法使用。此时则用作禅寺庭院中的踏脚石或是渍物石（压在咸菜缸上用于腌渍咸菜的重石）。

又比如说，倒塌的五轮塔（日本寺院中由五个轮堆叠成的供养塔，五个部分分别代表空、风、水、火、地五大宇宙要素）的一部分可以用作手水钵（日本神社和寺院中用于净手、漱口的器具）。

在我担任住持的横滨市鹤见区建功寺中，每年除夕都要举办“万灯除夜钟”的活动。那一晚要燃上三千多支蜡烛。摆放蜡烛的器具则使用修整院内竹林（间伐）时砍下的竹子。间伐时砍下的竹子别无他用，因此用作摆放蜡烛的器具。

物尽其用，是要赋予物品二次甚至三次生命。自古以来，日本人便有将旧和服重新缝制使用的做法，格外珍视这一“知鉴”之心。

缺了壶嘴的小酒盅虽然会扫了饮酒的兴致，但只要插上一朵小小的野花，便成了精致的花瓶。旧衣服也可以重新裁剪精心做成枕套等，用法多样。“知鉴”是一件让人愉悦的事情，可以给我们的人生增添新的乐趣。

在丢弃某样物品之前，一定要以知鉴之心物尽其用。实在别无他用，方可以感恩之心郑重舍弃。丢弃是最后一步。

懂得什么是真正的“可惜”

“丢了太可惜了”，舍不得丢东西的人总是把这句话挂在嘴边。然而，虽说惜物是应该的，但如果这也可惜那也可惜，家里最终就会堆满压根用不上的东西，反而更为浪费，又何谈“可惜”呢？

一件物品，只有在使用中才能体现其价值，如果一味束之高阁，只会失去其存在的意义，变成毫无价值的封藏。一味留存这些东西，只会浪费有限的收纳空间，寻找真正有用的东西时，也会在无谓的翻找中浪费时间。无论如何，如果一个人的内心被许多无用且不需要的物质裹挟，那才是真正的“可惜”。

丢弃不必要的物品，把房间收拾干净整洁，心灵得以磨砺，心情变得轻快，生活也变得自在起来。

一个人如果生活在无用物品的裹挟之中，内心也会背负许多无用的、恶劣的感情，容易觉得疲惫不堪。如果置之不理，内心便会逐渐凌乱。因此，舍弃无用的物品自不必说，同时还要尽可能地活用现有物品，减少购买新的物品。即便要买，也要仔细挑选真正用得上的物品，且要长久地使用下去。思考什么才是“可惜”的真正含义，**避免增加物品，做到物尽其用。**

购买新物品的一大原因，就是只考虑到眼前的得失需求，贪图小便宜买了廉价品，结果却无法满足于此，使用时也不加以爱惜，最后反而不断购入许多类似的替代品，衣柜变得越来越拥挤。与其买三件从来不穿的衣服，不如花同样的钱去买一件真正喜欢的、穿得上的，这样才会爱惜。没有什么比贪便宜所浪费的钱更可惜的了。

禅宗在衣、食、住等方面均讲求极简的生活方式。这是因为禅宗认为，只有在如此简约朴素的生活中，才能获得内心的安宁。

然而，禅宗所谓的简约，绝不意味着忍耐粗糙。虽说只要东西有用，便宜点也能凑合，但如果是一分钱一分货的物品，就算价格高昂也可以购买，只要能用得长久且懂得珍惜。钱要用在刀刃上。重点在于张弛有度。

禅语有云：“**放下庵中放下人。**”放下，即舍弃。意指深山庵中居住着舍弃心中杂念，自由自在的人。如果心中可惜的物品过多，**姑且先试着放下其中一样如何**？丢弃其中一样后，虽觉可惜，但也会发现实际上这件东西并没有原本想象的那么重要。**放下执念，内心就会变得轻松。**从“可惜”的束缚中解脱出来，做一个自由自在的人，这是磨砺心灵的第一步。大胆地迈出这一步吧。

物归原位

春花秋月夏杜鹃，冬雪寂寂溢清寒。

这是道元禅师一首著名的禅诗。半个世纪前，作家川端康成在诺贝尔奖颁奖典礼发表获奖感言《美丽的日本和我》，开篇便引用此诗，颇受称道。所谓自然，春夏秋冬，不多不少，原本如此。一物原应在此，则在其所在，如其所是。虽其形各异，却凛然清爽。

道元禅师从这一自然姿态中了悟佛性。那么，为了规范行为举止、过上简约朴素的生活，应该**将用过的物品物归原位**。这一点虽说理所当然，却极为重要。如果该在某处的物品没有放在其该在的地方，没有恢复原本的形状，那么住宅瞬间就会变得凌乱起来。

禅寺的修行僧们除了餐具、替换衣物、洗漱用品等指定的生活必需品以外，身无他物。其他任何私人物品都要在入寺修行之时寄放在寺院里，这是禅寺的规定。修行僧们所拥有的空间只有一块榻榻米大小（约 1.62 平方米），需在此起坐用餐。生活必需品多为共用共享。因此，抹布等物品的摆放之处都是固定的，用后必须物归原位。如果被一人独占或乱扔乱放，下一个人就无法使用了。必须彻底贯彻“用后立即回归原处”的原则。这样一来，也省去了找东西的时间。需要时立刻就能取用。

这样想来，人生不就在时时忙于找寻之中浪费了许多时间吗？可以说这是浪费的极致表现了。

再啰嗦一句，如果房间乱到连东西都不知道放在哪儿的地步，那肯定是因为物品没有放在该放的地方，也没有恢复原本的形状。

为了改正这一缺点，要固定每样物品的摆放位置。这一做法鲜有人提，但除此以外别无妙计。甚至可以称得上是至理名言。

下一步是物品使用完后立即回归原处。要彻底贯彻这一原则，形成物归原位的习惯。如果和家人住在一起，则要将其作为家规，全家一起遵守。

住宅如此，办公场所也应如此。办公桌是否收拾整洁？手边的资料是否堆积如山？办公桌总是收拾得整洁干净的人，大多头脑清醒，工作高效。反之，办公桌总是杂乱不堪的人，大多也头脑混乱，工作难以顺畅进行。

办公场所的凌乱正是自身心绪混乱的体现。说不定，对于办公桌常年杂乱的人来说，整理意味着多余之举，也就是说他们将其当成了工作完成后的额外任务。

工作好不容易做完了，还要事后整理，实在太麻烦了，不想做。很多人都这么想。其实可以试着换一种思维，整理并不只意味着善后，也是为了明天能愉快地开始新一天的工作而做准备。

无论是摆放东西还是一日三餐的烹调工作，如果扫除和整理做得不仔细，物品要用时无法及时找到，就无法顺利开始工作。**扫除和整理，原本就是为了下一次工作能更加轻松且有章法的事前准备**。因此，无论是资料还是文具，使用过后务必回归原位。这样一来，内心整肃一新，头脑也会变得清醒。

办公场所的杂乱和玄关的凌乱是一样的。整理鞋子可以整肃内心，同样，工作结束后把办公桌及其周围整理干净，第二天也一定能以崭新的心情开启新一天的工作。

物品应当在其所在、如其所是，用后立即物归原位。这是磨砺心灵的一大重要习惯。

通过扫除，学会知足

一件事情进行得不够顺利时，有的人会把责任一味归咎在工具上，不断购入新的替代品。然而，绝大多数情况下，通过工具改变现状不过是不切实际的幻想。比方说，学习一门语言却无法迅速掌握时，就算把现有的阅读或听力的教材和设备都换成新的、更好的，结果也不过和此前无甚差别。因为学不好的问题根本不在于工具。这样最终增加的不过是更多无用的工具而已。说不定很多读者的书柜或抽屉的深处就塞着这样悲摧的英语教材。

事实上，房屋的扫除工作也是一样。心血来潮，打算彻底地大扫除时，虽说择日不如撞日，应该立即着手，但又觉得还得先准备好扫除工具才行。于是欣欣然前往附近的超市或购物中心，选购刷子抹布，又挑选洗涤剂等，买来一大堆东西。这些东西到头来也不过用个两三次就烦了，最终还是很少打扫。这样的人不在少数。

这些人会在某一天突然又想起打扫，于是又重复上述步骤，买上许多扫除工具，最终又弃之不理，重蹈覆辙。结果某一天，突然在卫生间或厨房的储藏室内翻出这些东西，只会百思不得其解，呆呆地想着为什么自己会买这么多同样的东西。这也是家中物品不断增加的原因之一。

所谓扫除，并非仅用工具打扫，更要用心打扫。这一点不言而喻。正因如此，扫除才能在打扫干净房屋的同时磨砺心灵。无论多么好用的洗涤剂和扫除工具，如果本人缺乏干劲，也派不上任何用场，只能白白浪费。

扫除工具只要最简单的即可。禅寺的修行僧们所用的不过是最基本的抹布、扫帚、掸子、水桶四种。用掸子掸尘，扫帚扫地，再用水桶打水，抹布仔细擦拭。这便足够。

院落的扫除工具也只要最简单的即可

禅寺院落的扫除工具也很简单。只要竹扫帚、耙子、簸箕、刷子、水桶和抹布就足够了。

普通家庭只要在此基础上加上去除厨房油污或是浴室霉菌的洗涤剂，以及厕所用的马桶刷，余下的也就不成问题了。浴室等用水场所容易滋生霉菌的缝隙处，用旧牙刷清洁即可。旧牙刷还可以用于清洁窗框，十分方便。再者，也可用旧毛巾或旧T恤做抹布。这也是物尽其用的完美体现。用自己亲手制作的扫除工具打扫是一件非常愉快的事情，会让人更加热衷于扫除。

所谓“**知足**”，即知道满足。意在安于所得，不抱有不满足感。

想要整理房间时，立即拿上一把扫帚、一方抹布，开始行动。心无旁骛地拂拭尘埃、清洁地板。很快，地板、厨房、浴室等都会变得洁净如新。无须任何昂贵的洗涤剂或专用扫除工具。

扫除带来的了悟、良缘和充实感

扫除带来的“灵感”和“决断”

“常持笤帚拂堂尘”，中国元代高僧中峰明本禅师在教育弟子扫除的重要性时如是说道。人们常常说，前往禅寺时，心灵自在这清净之处得以洗涤。这说明，禅寺修行之人，了悟了中峰禅师所说的扫除的重要性，谨遵教导且不断实践。禅寺之所以重视扫除，是因为其被视为悟道的重要途径之一。

唐代的香严智闲禅师曾留下“香严击竹”的佳话。

这是香严禅师青年修禅时期的逸事。一日，其师沩山禅师问道:“生死根本,父母未生时,试道一句看。”(原文为:“吾不问汝平生学解及经卷册子上记得者，汝未出胞胎，未辨东西时，本分事试道一句来，吾要记汝。”出自萧平实《宗门正义》。)夏目漱石于圆觉寺释宗演老师门下参禅时也曾习此案，其心得更是体现在《门》和《行人》等著作中。

从字面意思看来，此案是要人对父母出生之前的本来面目作答。然而此处所谓父母，可看作善恶、优劣、贵贱、自他等事物的两种表象。这一公案旨在从二元论的视角中脱离出来，去认识每个人原本的、真实的自己。当然，答案并非唯一，不同的修行阶段领悟有所不同。香严禅师曾绞尽脑汁也无法作答。

香严禅师自觉以往所学知识毫无益处可言,因此焚毁经书,拜别师父，于一向尊敬的高僧南阳慧忠(慧忠国师)的坟茔近旁修庵别居,独自为其守墓。三年五载过去，一日清晨,和往常一样洒扫庭院时,扫帚扬起的小石砾偶然击中竹叶,铮然作响。电光火石间，香严禅师廓然大悟。

扫除是日常生活中使人心神专注的重要时间。忘却生活中的一切烦恼忧愁，专心致志地拂去尘埃、拭净污垢。人在摒弃一切杂念，无心无相地埋头于扫除中时，可以获得巨大的灵感。这便是香严击竹这一逸事教给我们的道理。

世间亦有人切身体会了扫除带来的效果，每日践行。比如，某位企业的管理者，每日晨起出门前都有打扫厕所和玄关的习惯。若是偶因某一经营方案而思维凝滞，又或是苦恼于企业管理方向之时，则较之平常更加早起，更为专心地进行扫除。这样一来，问题迎刃而解，不安烟消云散，脑海中出乎意料地浮现出奇思妙计，甚至可以做出堪称完美的决策。

一心专念，达到无欲无求的境地时，混乱的心灵得到整理和磨砺。此时便是心生灵感或是得出决断的机会。然而，万万不可误解这句话的本意。如果从一开始就抱着谋求灵感和决断的念头进行扫除，那就本末倒置了。**扫除时应当摒弃杂念，追求无念无想。**灵感和决断，说到底不过是其附加成果。扫除时一旦萌生期待，则早已心不在此。人啊，要避免被欲望束缚。

晨起扫除，缔结一日善缘

清晨，稍稍早起，花上一点时间进行扫除，哪怕五分钟也可。听到这一要求，很多人会说："早上哪怕能多睡一分钟都好，还要花时间扫除，也太为难人了。"这一心情不难理解，但是，大家难道不想看看，早上宝贵的时间，如果利用得当，会有多么惊人的效果吗？

事实上，如果总是能多睡一分钟就多睡一分钟，早餐和穿衣打扮就会变得非常匆忙，每天都得嚷嚷着"糟糕，要迟到了！"慌慌张张地飞奔出门。

"是啊，所以说扫除太为难人了嘛。"又有人辩驳道。

然而，如果内心有失从容，终究难以成事。比方说，怕赶不上电车匆忙跑向车站，却扭伤了脚，或是迎面碰上拐角处的自行车，摔坏了眼镜，又或是半路突然想起忘了某样东西不得不折返回家，最终还是错过电车而迟到了。偏偏今天早上开会又被上司责骂工作松懈。于是很容易觉得今天从早起就不顺心，实在是太倒霉了。

毫无余裕的凌乱之心，会给新的一天带来噩运，让事物向着越来越坏的方向发展。有时候噩运的原因就在于晨起的闹剧。为了度过充满好运的美好的一天，**只要早起十五分钟，给心灵留出余裕即可**。如果觉得这十五分钟不能用来睡觉太可惜了，那就早睡十五分钟，确保总体睡眠时间不变。只要早起早睡十五分钟即可。这短短十五分钟想必不是什么难事吧？

早起十五分钟，首先要做的第一件事，就是打开窗户，让房间内凝滞的空气流动起来。沐浴着清晨的阳光，深吸一口新鲜的空气。只要打开窗户，房间的空气就会变得清爽洁净，身体和心灵也会变得舒爽轻快。

下一步便是花上五分钟左右进行扫除。当然，短短五分钟是不能打扫完整个房子的。因此，可以固定每天打扫的地方，比如周一厕所、周二玄关、周三厨房水池、周四炉灶等，安排一周或是十天左右的时间轮流打扫家中的主要场所。

扫除时，把注意力集中在手边的工作上。心无旁骛地擦拭清扫，以清爽之心开启新的一天。

只要早起十五分钟，扫除完后仍能余下十分钟。这些时间可以用在早餐和穿衣打扮上，充分做好准备后再从容地出门。往常要在四十分钟内慌慌张张地出门，加上这十分钟后就有五十分钟的准备时间了。这样一来，早餐和穿衣打扮就不必慌张，甚至可以不紧不慢地喝喝茶、看看新闻，内心从容不迫。内心通过扫除得以整肃后，对信息的敏感度也有所提高，说不定会想出对工作有所帮助的好主意。此外还有时间整理计划一下今天的工作，让工作更加井然有序。

一日之计在于晨。晨起的时间直接决定了一天的生活质量。

稍稍早起，享受清晨的新鲜空气，然后扫除，从容有余地为出门做准备。如此，便可缔结一日善缘。若能心情愉悦地开启新一天的生活，事物便会向着愈来愈美好的方向发展。

亲自打扫，感受生命的体验

禅寺的修行僧们每日掸灰、洒扫、擦拭数次，且均赤手裸足。寒冬亦不着鞋袜，哪怕严寒时期河水冰冷刺骨。置身严酷的自然之中，心无旁骛地勤勉扫除。这才能称之为修行。

过去，普通人家的扫除也和禅寺一般无二。日本住宅大多为榻榻米和木地板组成的房间，因此一般用掸子或扫帚把尘埃扫至屋外，再用抹布擦拭。20 世纪 60 年代的国营公共住宅①热潮给这一传统扫除方式带来了巨大的冲击。公共住宅采用西式房间，可铺地毯。与此前的榻榻米及木地板组成的房间不同，地毯等很难用扫帚清洁。而且，把垃圾扫在外面会让邻居或楼下住户感到不满。

---

①日本国家或者县、市建设，用于统一出租的公共住宅，不能购买，任何人都能够去租住，且无时间限制和租金上涨的顾虑。——译者注

在这一居住环境变化的背景下，吸尘器登场了。人人都赞叹吸尘器使用方便，它在日本家庭中迅速普及。同时，洗衣机也代替洗衣板走进了千家万户。我在修行时也曾用过洗衣板，洗涤拧干着实是个大工程。寒冬时节洗衣甚至比扫除更为艰辛。然而每家每户都将其视作理所当然的事情，日日奉行。

吸尘器和洗衣机的问世将人们从繁重的家务劳动中解救了出来。此后，吸尘器和洗衣机更是以惊人的速度在发展升级。现在已经是扫地机器人时代了，它能自行随处移动并彻底清洁地板。做饭也有微波炉和烤箱，年轻一代甚至无法想象曾经有过靠自己燃柴生火的时代。

我们深切地体会到了科学进步的厉害之处，日常生活日渐便利。然而，过于依赖机器也是不可取的。

令人担忧的是，如果一味依赖机器，会渐渐失去对生活的实际感受。比方说扫除时，夏天挥汗如雨，冬天严寒刺骨，如此方能心无旁骛地努力打扫。没有比扫除后的成就感和轻松感更为绝妙的体验了，心灵也同时得以整肃磨砺。

为何要劝诫大家奉行扫除？其一是为了整肃、磨砺凌乱的心灵，其二则是为了**通过身体的行动去感受生命**。

仅需按下开关按钮，之后的事情全部交给吸尘器即可。这样既不出汗，也感受不到水的冰冷。房间打扫干净了，自然也没有亲身打扫的成就感和轻松感了。之后用抹布擦拭时，也无法切身感受到房间确实变干净了，更无法对此产生喜悦之情。什么也没做，就更谈不上对心灵的磨砺了。

不知何时起，轻视生命的事例越来越多。这兴许也和人们活着的幸福感愈见淡薄不无关系。

只有真实感受到活着，才会珍惜自己的生命。否则不止会轻视自己的生命，也会不尊重他人的生命。

人往往会懒惰。若有轻松的路可走，必然会选择轻松的一条。比如到车站仅仅十分钟左右的路程也要骑自行车，又比如明明不算高的楼梯却不愿走上去，宁愿挤在电梯前排长队。这种高度依赖机器的生活方式，会让生命的真实感受逐渐消失。

力所能及的事情，要在力所能及的范围内，尽量不依靠机器，自力更生。比如办公室在五楼，电梯转瞬即到，但却特意爬楼梯上去。是不是感觉很辛苦，气喘吁吁的？但这种体会是必要的。

扫除也一样。尽量不依赖吸尘器，自己动手挥洒汗水，感受冰凉的水温。冬天也不要用热水，而是切身体会刺骨的寒冷。这样**不仅能磨砺心灵，还能为生命增光添彩**。

品味清晨新鲜的空气，领略四季迁移的变化

只要不是特别疲倦，我每日清晨必定四点半起床。然后一边享受着清冽的空气，一边把禅寺本堂、居室和客房的窗户全部打开。

虽然每天都重复着同样的工作，但世间诸事并非总是如常。没有和前一天完全相同的清晨。渐渐泛白的天空中残留着星月的光辉，微风轻拂竹林，婆娑作响，空气中花叶暗香浮动。貌似相同，实则有微妙之差。岁月不动声色地推移而过。

残冬凛冽的清晨，天空中尚且残留着一轮满月的倩影，瞬间充盈满怀的寒气，花草树木浸润于月色之下，浅浅地在水中映出一方倒影，如梦似幻，精妙绝伦。每天清晨，我都满怀愉悦地尽情享受着自然的慷慨馈赠。

之后便是本堂的扫除工作。本堂的扫除，每天都要打水并用湿抹布擦拭。虽说井水在冬天仍有十五度左右，但一接

触外界空气，水温就会逐渐下降。三十分钟后洒在地上，即刻结冰。可谓是冰凉刺骨。然而在打水擦地的工作中，时有惊觉，每天的水温都会有所变化，瞬间感受到季节的变换。

禅语有云：**“冷暖自知。”**无论水也好冰也罢，不亲自触摸是无法知其冷热的。它提示我们，**绝知此事要躬行，不能仅仅停留在大脑理解的层面**。大寒时节拧干浸在冰水里的抹布时冰凉刺骨之感，或是望见庭院内的月华如水，不由得屏住呼吸的兴奋之感，不管作者如何描写，读者若是没有实际经历，都是难以真正理解的。通过扫除获得的内心整肃一新的清爽也是一样。唯有亲自付诸行动，把房间打扫干净后才能体会。

晨起后，让新鲜空气盈满一室，同时也充分浸润内心。然后稍作扫除，五分钟即可。之所以建议大家这么做，是因为我通过亲自打扫，**体味到自然变换、斗转星移，感受生命，也希望大家在整肃内心后开始新的一天。**

现在，室内装设空调对于普通家庭来说早已屡见不鲜，更不用说电车、公交或商场等公共场所了。如此一来，难以感觉到四季变迁。

生活在东京中心地区，且家和公司均直接与地铁相连的人们，每日几乎接触不到室外的空气，因此也感觉不到炎热或寒冷。有的人无论是在家、公司，还是在电车内，都享受着舒适的空调效果，晚上看见“今天各地温度达到今夏最高点”的新闻，还觉得难以置信。

人类是一种生物，毋庸置疑，是大自然的一部分。感受四季变迁，和自然共生共存，方为原本的生存之道。日本人民曾经非常重视这一生活方式。遗憾的是，如今重视自然的观念日渐淡薄。

禅语有云：“逢花打花，逢月打月。”意为遇到花的时候细心赏花，遇到月亮则专心赏月。人们五感俱全，自然也近在咫尺。每天清晨，通往车站的道路上有野花盛开。天空中彤云密布，路旁的树上栖息着鸟儿。用心观察这一切，切身感受这一切。用心品味，你会从瑞香花的香气中感受到春天的来临。

希望大家在生活中都能真切感受到生命的真谛。

拥有心外无物的时间和地点

总有人整天嚷嚷着自己很忙。忙这个字，如果去掉心（竖心旁的“忄”由“心”字而来），就变成了死亡的亡字。心不在此的混乱状态绝非益事。

中国唐代末期的高僧赵州禅师曾谓其弟子：**“汝被十二时辰使，老僧使得十二时。”**中国古代以子丑寅卯将一天划分为十二时辰，这里所说的十二时辰相当于现在的二十四小时。同样是平等的二十四小时，禅师认为弟子总是被时间追赶，因而心乱。但禅师自己能够合理利用时间，有条不紊。

时间利用效率取决于如何支配时间。比如说，眼前紧迫的工作还没有完成，但眼看着就到会客时间了。如果是无论如何也做不完的工作，就先暂停一下，接待完客户后再继续。而如果努力一下就能完成，就集中精神先把它做完。所谓合理利用时间，就是主动思考工作内容、工作流程，把精力集中在眼前的工作上，努力做到最后。

如果做不到这些，一旦眼前紧迫的工作时间拖延过长，会导致客户久等。原本集中精力就能完成的工作如果拖到会客后再做，加班时间就会越来越多。这就是被时间追赶的人生。

被时间追赶的人生是非常不可取的。三心二意、一心多用的结果只能是什么都做不好。为了避免这一问题，做时间的主人，必须**把精力集中在眼前的事情上**。也就是用心去做当下的工作。

善于支配时间的人也善于**忙里偷闲**，擅长从忙碌中挤出闲暇时间。无论多忙，也不会迷失本心。家门玄关处必定收拾得整整齐齐。

善于支配时间方能有条不紊。那么，为了不在忙碌中迷失本心，需要怎么做呢？那便是**确保拥有心外无物的时间和地点。**

首先试着每天腾出五分钟，什么也不做，什么也不想，放空心灵。这样一来，凌乱的内心得以整肃，变得清爽。

放空心灵的地点可以是午餐后的公园，也可以是外出途中乘坐的电车，甚至可以是便利店外停车场中停放的汽车内，随处均可。最开始尝试放空心灵时，脑海中反而会浮现出形形色色的事情，此时不必勉强自己清除思绪，可任由其翻涌泛滥。一石激起千层浪，如果强行阻止自己的思绪，反而会在内心翻起新的波澜。任其自由涌动，虽然会让波澜越扩越大，但范围越大动静越小，最终渐渐消失。**内心的杂念也是如此。顺其自然，最终也就不知在何处烟消云散了。**

用和扫除有关的语言来说，就是要整理房间并打扫干净，在家里创造一个可以用于放空的场所。在这里可以毫无保留地展示真正的自我，回归本心，神清气爽。

在房间内最让人放松的地方放一张小桌子（或是坐垫等物）。

为了避免心生杂念，不要在周围放置任何物品。重点是打造一个清爽的空间。为了放空心灵，还可以试着打造一个“**箱庭**（庭院式盆景）”。准备一个长 50 厘米，宽 30 厘米，高 5 厘米左右的箱子，打造自己专属的庭院。比如可以模仿枯山水①，在箱子底部铺上沙子，再放上事先准备好的石头和枯木等。

在花盆内铺上泥土、砂石、苔藓或草木等自然景观，由此制作而成的观赏物叫作“盆景”。箱庭的本质也是如此。箱庭的景色会随着当时的心境产生微妙的变化。不同的心境下，同一块石头，其摆放位置或朝向也会有所不同。人的热情、迷茫、喜怒哀乐等心情会直接体现在这一箱庭中。在此处放空心灵，是静下来直面自己内心的重要时间。

---

①枯山水是为适应日本地理条件而建造的缩微式园林景观，不用水而用石、砂等表现山水。现多见于小巧、静谧、深邃的禅宗寺院。——译者注

整肃凌乱的内心，磨砻砥砺。修习过坐禅的读者朋友也可以静心打坐，用丹田调整呼吸。如此，便可重新找回失去的本心。

在尘埃和污垢累积之前拂拭干净。吸尘器每次只用五分钟。我家实行高效的“物质减法”和“污垢减法”。

第二章

整理身边环境和消除内心负担的“减法”整理术。

——冲幸子

无须强迫自己，巧妙去除住宅污垢

不喜欢扫除也没关系，重点是掌握诀窍

我刚开始创立保洁公司时，母亲大为惊讶，苦笑着叹道："欸，你那么讨厌打扫，又不谙世事，竟然敢做保洁公司，简直难以置信啊。"创立保洁公司的契机，是我曾短暂地在德国生活过一段时间，直接接触过当地人简单却又内心富足的生活方式。

对他们来说，富足的生活，并不意味着居住在豪宅中，拥有各种高端奢侈品。生活在扫除细致、居住舒适且简单的空间内，拥有自己喜欢的生活方式，周围只留有生活必需品并精心整理，长久地生活，方可称之为富足。

看到德国人的这种生活方式，即便厌恶扫除，也让人觉得大为受用。这种窗明几净，简约朴素的生活，何等精彩！

想居住在干干净净的住宅中，除了扫除别无他法。但我自己本身并不热爱扫除，所以需要思考尽量减少劳动量的扫除方法。渐渐地，我想出了许多具有个人特色的轻松的扫除方法，最终创立保洁公司。某种意义上来说，正如母亲所担忧的那样，我并不知道我需要面对些什么。

说实话，我到现在也不喜欢扫除，但掌握诀窍后此事并非难事。**扫除的目的在于把房间收拾整齐、打扫干净。没必要真的爱上扫除本身。**

即便如此，仍然有很多人叫苦连天，觉得扫除是一件无比痛苦的事情。实际上，几乎在所有的问卷调查中，扫除都名列日本人最讨厌的家务活第一名。“扫除很痛苦”，这一意识究竟是从何而来的呢？答案显而易见，无外乎以下两种原因：第一，东西太多；第二，污垢堆积。

东西太多，打扫起来就要挪来挪去，又要拎着吸尘器走来走去，到处擦拭，非常辛苦。怎么扫除都是煎熬。办法只有一个，就是**减少物品数量，不随意增加。**

污垢堆积也是一个问题。虽说污垢会附着在物品上面，但其体积较轻，清除时不至于过于费劲。**大多数污垢都是轻轻一擦就干净。**然而，总是有人嫌麻烦疏于打扫。这样一来，污垢上面又积污垢，越积越多，最终变成难以清除的顽固污垢。

清除顽固污垢需要花费大量体力和时间，于是扫除就给人留下了痛苦的深刻印象。为了避免出现这种情况，要尽量避免污垢堆积。因此，讨厌扫除的人要注意养成以下两个习惯，一是**减少物品数量，不再增加**，二是**污垢要立即擦拭，避免堆积**。这样才可以真正从繁重的扫除工作中解放出来。

减少污垢的三大法则

常常有人问我，如何才能保持家中整洁宜居。我一般都回答他：“减少污垢有如下三种方式”：

（1）变脏之前擦拭；

（2）变脏后立即擦拭；

（3）保持干净。

这是一切扫除的基本思维方式，将其付诸行动，**必定能让扫除变得轻松。**

污垢分为肉眼可见的“**看得见的污垢**”和肉眼难以分辨的“**看不见的污垢**”。看不见的污垢多为附着在物品身上的微小尘埃、飞沫等，一点点累积下来后就会变成看得见的顽垢。

第一种方法是变脏之前擦拭。深度污垢，不用力刷是擦不干净的，需要花费大量时间和体力，还需要用到刷子和专用洗涤剂等。而在污垢初期稍稍擦拭，**就能轻易清除干净**。这就是在变脏之前擦拭的意义。

第二种方法是变脏后立即擦拭。刚沾上的污垢无须花费太多时间和体力就能擦拭干净。但如果放任不管，时间长了，打扫起来就会越来越费劲。污垢上面又积污垢，回过神来，就变成难以清洁的顽固污垢了。因此，**东西变脏后，不要放任不管，要立刻擦拭干净。切勿拖延。**

比如，用水壶烧水后，趁其还有余热要立即擦拭干净。用完马桶后也要立即用马桶刷刷干净。如果每次用完都能收拾干净，就不会留下任何顽垢，能够常常保持干净的状态。没有顽固污垢，扫除就会变得轻松。

第三种方法是保持干净。这意味着需要**打开窗户，注意通风换气。**通风不好的住宅中，空气凝滞不畅，容易积累湿气和尘埃，还容易滋生霉菌。

房间变得脏乱差，会影响健康。因此，要保证房间里充满新鲜空间。早晨起床后，一定要养成打开窗户、换气排湿的习惯。盛夏或严冬时节常开空调或暖气，一般都保持门窗紧闭的状态。偶尔也要打开窗户，让房间里的空气流通起来。此外，有效利用用水处的排气扇也非常重要。

俳句中的“去尘秽”是冬天的季语，“大扫除”是春天的季语。集中清理一年中偶然积下的污垢，这是自古以来就有的扫除习惯。如果将以上三大法则作为生活习惯，日日践行，想必也就不需要特意在岁末进行大扫除了。因为污垢不至于累积到需要进行大扫除的地步。

考虑到人都会变老，这一习惯尤为重要。虽然年轻时难以想象，但身体的衰老不容分说，对所有人来说都是平等的。年轻时养成顺手打扫的好习惯，就能在短时间内花费较少的体力保持房间整洁干净。

这三大法则对于上了年纪的人来说，也是能够过得简单舒适的重要技巧。

轻松扫除的四大准则——不易疲倦的简单方式

为了让讨厌扫除的自己每天都能好好扫除，我给自己设置了几个必须遵守的准则：

（1）工具和洗涤剂越简单越好；

（2）养成给污垢做减法的习惯；

（3）不要同时且长时间地重复同一动作；

（4）规定扫除的地点和时间。

我按顺序对以上四大准则进行说明。

首先，工具和洗涤剂越简单越好。就算买上一堆东西，比如百元店的洗涤剂，以及电视购物上看起来挺不错的扫除用具等，最终也派不上用场，只能白白扔在储藏室里。这句话虽然是老生常谈了，但这类看起来非常方便的商品会束缚自己。越依赖这类产品，越说明家中积累了太多的污垢。

我自己基本上只用**抹布、掸子、海绵、吸尘器以及洗涤剂（中性洗涤剂、去渍清洁剂）**这几样扫除工具。“扫除专家就用这些东西吗？”经常有人对此表示怀疑。但其实只要不积累污垢，这些就足够了，完全没问题。其中抹布是主力。干擦也好湿擦也好，只要有一块抹布，家里就能变得干干净净。除了需要细致修整的地方需要另外配合手边的木棍或一次性筷子一起使用外，其他基本一块抹布就能搞定。为了下次要用时能立即使用，工具用完后一定要清洗干净并保管好。

其次是养成给污垢做减法的习惯。这是除了上文提到的“减少污垢的三大法则（变脏之前擦拭、变脏后立即擦拭、保持干净）”外，还要养成使用后立即擦拭清洗、保养整理等习惯，做到**“随用随洗”**。

也就是说，无论做什么，都必须同时给污垢做减法，将其变成日常的生活习惯。例如：

东西洒落在地板上后立即擦拭；

如厕后立即洗刷马桶；

洗手池使用后立即擦干水渍；

沐浴后立即用热水冲洗浴缸以及浴室的地板、墙壁；

烹饪后趁着余热立即擦拭灶台四周；

烧水后趁着余热稍微擦拭一下水壶；

使用冰箱时稍微擦拭一下冰箱内部、把手和冰箱门。

基本上只要稍微擦擦就好。真正的举手之劳，算时间也不过十几二十秒，但效果却非常显著。污垢不再积累，干净得出人意料。

只需花费一点工夫，扫除就会越来越轻松。虽说只是稍稍打扫，却完全足够。

再次是不要同时且长时间地重复同一动作。扫除的基本动作无非掸、扫、擦、刷四种。为了提高扫除效率，尽可能让扫除变得轻松，就要避免同时且长时间的重复这些动作。扫便扫，擦便擦。专心做一件事情。但是，擦了五分钟还擦不掉的污垢就算再擦也没用。**顽垢如果一次刷不干净，就分好几次刷，软化污垢才是重点。**此外，虽说都是污垢，但油渍和水渍的性质完全不同。比方说，厨房就既有灶台附近的油渍又有水池附近的水垢。如果想一次全部清理干净，需要花费大量的体力和时间，让人疲倦不堪。可以说油和水在扫除中是不兼容的。

最后是决定扫除的地点和时间。这一点也和上面提到的内容有关，扫除时要遵循“**一次一个地方，一次五分钟**”的原则。精疲力尽的话会对扫除感到厌恶。因此，一次不要打扫多个地方，也不要长时间打扫。需花费较长时间的大地方就固定每天打扫的范围。

使用后立即扫除，发现污垢后立即扫除

图左：养成用完立即擦拭水渍的习惯，洗手池永远光洁如新。

图右：挂在门把手上的可爱的德国扫帚。发现灰尘时能顺手清扫，还能装饰房间。

“凶案现场调查”和扫除的共同点在于从天花板开始

烟雾和尘埃是向上走的。因此，房间内的天花板上除了灰尘以外，还附着大量厨房油烟或香烟烟油等污垢。**实际上家中最容易脏的地方就是天花板**。因此，扫除要按照“**上（天花板）、中（墙壁）、下（地板）**”的顺序，从天花板开始。

事实上这一扫除的理论是全世界通用的。注意到这一点大约是在三十年前。我在纽约街头无意走进的一家书店中，顺手抽出的一本书上，写着这样一句话：“扫除应当遵循警察查案方法（POLICE RESEARCH METHOD）”。警察查案方法是警察调查凶案现场的方法。

比如，发生杀人事件后，到达现场的警官第一件事是看哪里呢？就是向上看天花板。然后是墙壁，最后是地板。这和住宅容易变脏的顺序是一样的。“原来如此，怪不得说扫除要遵循警察查案方法。”我顿时恍然大悟。

前几天我看了一部美国老电影，其中有个年轻男孩在扫除的场景。虽说是用吸尘器，但顺序正是“上、中、下”。吸尘器的软管和吸头最先伸向的地方就是天花板。当时我不由得在心里“哦！”了一声。

天花板是极容易积灰的地方。无论地板打扫得多干净，如果天花板的灰尘得不到清洁，房间里也会显得灰蒙蒙的。明明天花板才是第一要紧的地方。然而，能注意到天花板灰尘的人却少得出奇。

打扫天花板时，必须打开窗户通风换气。在此基础上，用掸子把天花板、墙壁和地板上的灰尘掸下来，最后用吸尘器吸干净，或是用扫帚扫出门外。把抹布包在扫帚上，就能把天花板和墙壁上扫不干净的灰尘扫下来。

同样，不要忘了打扫天花板上的灯具。特别是灯罩上带有静电，极易吸附灰尘，每天要粗略地拂去灰尘，一个月左右再用水仔细擦洗一次。

轻松扫除小窍门

扫除是件麻烦事儿。但房间变得干净是一件令人高兴的事情。正因如此，为了让扫除变得轻松、不再让人厌烦，最重要的就是注意每天给污垢做减法，避免污垢积累。这里我们更进一步，在理解这一前提的基础上，学习一下让扫除变得轻松的小窍门。

窗户玻璃可在雨过天晴的上午用报纸打磨

下过雨后的上午，空气中因为湿气增多，污垢都沉淀下来了。用湿抹布擦过窗玻璃后，再用报纸像画圈圈一样打磨一遍。报纸上的油墨打磨效果极佳，可以让玻璃变得非常干净。

淘米水可用于清洁地板

用早晚淘米用过的水洗刷厨房的木地板是我每天睡前的功课之一。地板上除了菠菜等蔬菜滴落的汁水，还经常沾上茶渍等脏东西。

地毯上的污渍可用盐去除

在弄脏的地方撒上盐，静置一小时左右，再用吸尘器清除干净。盐可以吸附污渍，看不见的污渍也可被吸出。

排水池的脏污和恶臭可用炖土豆的汤汁去除

炖煮完土豆后，趁汤汁尚温热时，唰地一下倒入水槽冲洗，可去除脏污和恶臭。

水槽和马桶可用牛奶洗刷

陶瓷坐便器、珐琅水槽以及浴缸可用牛奶刷至闪闪发光。梅森瓷[①]用牛奶刷洗后，甚至干净到可以发出沙沙的声音。过了保质期的牛奶千万不要扔掉，可以灵活运用。

橘子皮可用于烤肉时去腥

烤肉时加几片橘子皮可去除肉腥味。橙子皮也可去腥，此外，橙子皮还有良好的去除油污的效果。

---

①欧洲第一名瓷，德国“Meissen 梅森”是全欧洲最早成立的陶瓷厂，也是全世界最佳的瓷器制造商之一。——译者注

蚊香灰可代替洗涤剂使用

燃烧后的蚊香灰随手扔掉有些可惜。它具有强碱性，且粉质细腻，可代替洗涤剂使用。

喝剩下的啤酒可用于清洁冰箱

把啤酒倒在抹布上，用于擦拭冰箱门和把手。酒精既可清洁黏糊糊的手垢，还具有强大的除菌效果。

铝制锅具的黑渍可用水果皮擦除

因为我自己喜欢吃苹果，所以一般用苹果皮。苹果皮倒入大量清水熬煮。苹果酸可去除铝制锅具上的黑渍。柠檬或橘子等水果的皮也具有同样的效果。

这里介绍的几个小窍门大多都是物尽其用、妙用身边物品的例子。大家也可以观察身边的物品，创造出自己独特的窍门，让扫除更添乐趣。

减去生活中多余的物品

你是否为物质所奴役?

房间没有收拾好，太糟糕了。

明明刚收拾过不久，就已经乱成这个样子了。

扫除太麻烦了，受不了……

如果总是抱有上述烦恼，**说明自己家东西实在太多了**。不仅如此，恐怕还会出现以下几种情况：

地板或墙壁没有一处空地；总是找不到要用的东西，需要反复搜寻；有无法打开（不想打开）的收纳空间；买了太多没用的东西（比如说重复购买已经有的东西等）；时不时地被东西砸到或绊倒等。

原本以为今天是个干劲满满的扫除好时机，但光是想到吸尘时要把东西挪来挪去、这儿洗洗那儿擦擦，就会觉得非常麻烦，失去信心。如果就这么放弃了，想着下次再打扫也来得及，渐渐就会对灰尘满满、东西散乱的房间习以为常，将其视作理所当然的生活方式。

东西很多还不打扫，灰尘会越积越多，空气也会变得凝涩。住在这样的环境中，不知不觉就容易心情低落，焦躁不安。这是因为灰尘满满的房间会对身心健康带来非常恶劣的影响。大量的身外之物不仅会占用住宅空间，还会囚禁身心，将人类变成物质的“奴隶”。

干净舒适的家中一般东西都很少。只留有适量的生活必需品，并且放在方便取用的地方。没有多余的物品，房间显得清爽干净，让人心旷神怡，心绪也会变得祥和宁静。

这种住宅最大的优点在于**方便扫除**。每次扫除都轻松简单。无须耗费多少体力就能保持房间整洁清爽。但是说起来容易做起来难。如果不对此保持高度紧张意识，一会儿添这个一会儿买那个，家里不知不觉就增加了不少东西。

有的人会被东西的价格和新颖程度吸引而冲动购物，也有的人会过于在意他人眼光（出于无谓的虚荣心）而购买不必要的物品。此外，出于“兴许不知道什么时候就能派上用场”“太贵了”“充满回忆的东西”等种种考虑无法舍弃现有物品的人也很多。这和家庭构成也有一定的关系。每一代人所拥有的东西，恐怕差不多有一两万件。这个数量让人吃惊，其实大多数都属于可有可无。生活必需品并没有这么多。

如果东西已经多到妨碍扫除的地步了，那么可以采取以下三种方式，力求打造干净舒适的住宅：

（1）舍弃并处理掉不需要的物品；

（2）只买喜欢的物品，珍惜使用；

（3）不买多余的物品，不增加物品数量。

首先，从减少自己身边多余无用的物品开始。物品减少后，不仅仅家里会变得清爽，身心也会随之变得轻快起来。

从减少物品开始

最近，“极简主义”“极简主义者”之类的词语开始盛行。

少即奢侈。过犹不及。只买最喜欢的，长久使用。

充斥着各种物质的生活是否一定是富足且幸福的？答案是否定的。减少物品数量，选择只留下生活必需品，选择简约的生活方式，向往无忧无虑的生活的极简主义者越来越多。人们四周充斥着各种各样的信息，被堆积如山的物品裹挟，即便如此仍不满足，反而渴望更多的物质。这一生活方式实在发人深思，值得质疑和反省。

一言以蔽之，就是对物质感到厌倦了。

我们意识到，被物质包围的生活并不意味着内心富足。**事实上，只保留自身生活必需品，舍弃多余物品的生活确实是简单且舒适的。身心和畅，心情舒爽。**

那么，如何才能实现无忧无虑的生活呢？最开始的难点在于如何减少物品数量。东西过多的原因在于懒惰的习惯（收拾起来嫌麻烦）、收集物品的癖好（也许用得上，弃之可惜）、对将来的不安（扔掉后万一某天突然要用）以及对过去的执念（对充满回忆的物品抱有执念）等，因人而异。为了减少物品数量，需要直面自己的内心，与难以放下的心理作斗争。比如，多年没再穿过的衣服，也有很多人认为说不定什么时候就穿得上，于是塞在衣柜里。还有人会觉得，这东西那么贵，丢了太可惜了。

但是，**“说不定什么时候”大概是永远都不会来的。物品在使用中才有其存在的价值。仅仅拥有是毫无意义可言的**。

告别旧物，从过去的羁绊和回忆中解放出来，心灵会变得轻松自在。首先要意识到这一点，才能停止无目的地收集物品并对其加以处理。这样才能产生“这东西已经不需要了，扔掉吧”的想法。但是，和人与人之间的关系一样，一件东西和人的羁绊越深，越是难以放下。我想，能够爽快地丢弃物品的人，原本应该就是物质欲望淡薄或是意志力强大的人吧。像我们这类普通人，在舍弃充满回忆的物品时，必须花上一定的时间，努力说服自己，一点一点慢慢处理，否则会心情烦闷。如果一味勉强自己，一次性扔掉大量物品，也许会在心里留下一个巨大的窟窿，甚至导致丧失症候群，内心充满强烈的丧失感。我身边就有人患上这种症状。

因此，**减少物品数量的工作，即“物品的减法整理术”并不是需要一次全部完成的**。可以毫不犹豫一口气干完的人另当别论，对于周围物品突然减少感到不适应的人千万**不要勉强自己，可采取渐进的方式。**

减少物品数量的三大规定

用不上的物品就是多余的，需要舍弃。这是减少物品数量的大原则，必须先牢记于心。在此基础上再决定处理物品的规则。我给自己做了如下三大规定：

（1）一天减去一个；

（2）思考是否有其他用途；

（3）事先找好珍视的物品的去处。

一天减去一个，一年就是三百六十五个，完全可以处理掉家中多余物品。多年没有穿过的衣物鞋袜、用途相似却买了多个以致长年用不上的工具、已经损坏无法使用的物品等，都要有意识地处理掉。

心爱的汤碗碎了一个，虽说可惜，但换个角度想想，**物品又减少了一个**。减少物品数量并不是让人粗暴地对待物品，而是为了打造干净舒适的家。此外，极简生活是指将生活必需品的数量降到最低，**认真保养，爱惜使用。为此，需要日日磨砺心智。**

修缮整理后可再次使用的物品自然可以保留，此外还可以考虑是否有别的用途。

比如，一双袜子只有一只破了洞，就只留下没有破洞的那只，处理掉有破洞的那只。剩下完好的那只可以像手套一样把手伸进去，代替抹布使用。顺手擦拭置物架或家具非常方便，称得上家务神器。心爱的菜碟如果缺了一个小口，虽无法再用于盛菜，但可以放在置物架等地方，作为装饰品。这就是爱惜物品、物尽其用。物品损坏后，在丢弃之前思考其他用途是一件非常快乐的事情。内心也因此日渐富足。

此外，一直爱惜使用但因为搬家等原因需要替换掉的东西，可以和亲朋好友打声招呼，看看是否有需要，事先决定其去处。对我自身而言，从德国带回来的梅森瓷餐具，虽说是充满回忆的心爱之物，但因为餐柜里渐渐放不下，我也思考过将来赠送的对象。

事先决定物品去处，没有比这更爱惜物品的生活方式了。但是，赠送物品时，必须慎重考虑是否符合对方喜好。收到用过的旧物时，百分之九十的人似乎都会感到疑惑不解。因此，送旧物时要选择有一定价值或符合对方喜好的物品才行。剩下的东西就卖给二手回收店，回收店不收的就毫不犹豫地扔掉。

像这样，养成给物品做减法的习惯后，可以清理掉目前为止内心累积的不必要的负担，使内心更清爽。

就算养成了每天清理一件物品的习惯，但如果每天还要重新添置两三样的话，那么物品数量不减反增。减少物品数量的重点在于爱惜使用、不购买多余无用的物品。当然这是后话了。

心爱的茶壶可用于培育绿植

摔坏的红茶茶壶可用作黄金葛的花盆，和旁边提着温度计的小鸭子玩偶一起放在厨房的窗台上。

制定处理物品的规则

无法处理原有物品，只能越堆越多……总是这样感叹的人可以制定好处理物品的规则。这样一来，就能毫不犹豫地放下了。

减少物品数量的规则可以从以下几种方式思考：

（1）无论怎么看都是没用的垃圾；

（2）坏了并且修不好，也找不到其他用途；

（3）超过保质期或有效使用期多日；

（4）多个同类物品只留下用得上的一个；

（5）超过两年没有使用。

我们具体分析一下容易占用空间的几样物品。

衣物——不是考虑扔掉哪些，而是考虑留下哪些

调查显示，人们所有的衣物中，穿过的似乎不过半数。也就是说，剩下的一半只能塞在衣柜里。这就是要处理的对象。保留那些从来不穿的衣物，原因无外乎以下几种：说不定什么时候就穿得上，高价购入舍不得扔掉，不了解什么样的衣服才是必需的或是适合自己的（多为勉强购买的衣物），长久不穿直接被遗忘在衣柜深处，有冲动购买衣物的习惯，等等。处理时**不是考虑扔掉哪些，而是考虑留下哪些**，这是我自己处理衣物的规则。优先考虑留下的衣物反而更容易处理。

决断衣物是否保留，可遵循以下四种判断依据：

（1）常穿的（自己定义）；

（2）喜欢且适合自己的；

（3）品质良好、穿着舒适；

（4）充满回忆的。

相反，以下五种衣物基本上可以处理掉了：

（1）过去两年一次也没有穿过；

（2）大小不合适；

（3）过时（留下的不超过两成）；

（4）多件颜色或风格类似的衣服；

（5）和现在的生活方式不匹配。

纸类（书本、报纸、杂志、邮件等）——以“阅后即焚”为原则

家中散乱的一大要因就在于书报杂志和邮件等纸类物品。处理这些东西时，我的原则非常直截了当——“阅后即焚”。

书报杂志一般不会再看第二次。看完应该即刻处理。看完后放进纸袋中，作为资源垃圾处理。**报纸每周扔一次，杂志每月扔一次。**书本的处理方式也大致相同。愿意看第二次的则另当别论，一般的书籍看完后要立即处理。书柜的空间是有限的。千万不能扔在地板上，乱扔一次就会有第二次。可以送人的就送人，余下的每月一次和杂志一起作为资源垃圾扔掉。当然，卖给二手书店也是一个好办法。我常常购买文库本（日本国内廉价且外型便于携带，以普及为目的的小开本书籍），出差或旅行时必定随身携带几本。这些书看完后，可以贴上写着“不介意的话请拿去看吧”的便签留在旅馆里，或是送给亲朋好友。理想状态是手边只留有现在正在阅读的书籍即可。

虽然我自己很少这么做，但出于对纸张的爱惜，可以购买电子书或报纸杂志的电子版。这样可以急剧减少家中纸类物品的数量。报纸杂志的文摘件也可以通过扫描电子化，在不增加物品数量的前提下保存资料。

信件或账单等邮件必须在收到当天开封，视情况保存或废弃，或当即决定何时支付、如何处理等。要以“当即处理”为原则。

其他纸类物品可以参考以下规则：**商品宣传册看过后要立即处理；公寓小广告一周处理一次，旅行小广告三个月处理一次；新年贺卡和圣诞贺卡两年整理一次。**

充满回忆的物品——重要的照片不要光保存，可用于装饰

孩提时代的作文或同学录、恋人间的信件和礼物、作为旅行纪念品而收集的宣传册或门票、从小到大的照片……

充满回忆的物品有很多。很多人把它们放在抽屉或橱柜里，着实占地方。但是，一般没有人常常把这些东西拿出来看。大部分人只是收藏存放起来，连真正去回忆都很少，不是吗？即便如此仍然舍不得放下，而是一味珍藏，意义何在呢？难道不是被过去束缚了吗？或者只是纯粹地觉得充满回忆的物品应该珍视，不应该扔掉。

回忆本身并不存在于物品之中，而是在自己心中。扔掉东西也扔不掉东西里的记忆。除此以外仍然割舍不下的可以拍照留存。这样更容易舍弃。照片可以集中放在一个箱子里。同一背景同一动作的照片、模糊不清的拍得不好的照片、没有趣味的照片等，都处理掉。

无论如何都想保留的照片可以放在一个小相框里，用于装饰起居室的茶几。为方便替换，可以准备五六张喜欢的照片。这样就可以随时重温一段美好的回忆。

现在通过扫描可以轻松地将冲洗的照片电子化。建议不忍心丢弃照片的人将其电子化。信件和明信片应该一个月左右处理一次。就算保留下来，也不会去翻看。无论如何都想留下这些东西的话，也可以将其电子化。

餐具——不要区分自用和客用

不要把餐具分为自用和客用，平常使用客用餐具也没什么不可以。光是这样就能减少一半以上的餐具数量。我从欧洲回国后就是这么做的，但餐具只减少了三分之一左右。平日使用稍显豪华的客用餐具，不仅能让人心生爱惜，小心使用，更能给餐桌增添一份华丽。华丽感常态化后，心情也会变得丰富起来。

说到餐具，常常有人会问，他人赠送的在储藏室吃灰的餐具礼品该怎么处理。未开封且今后也不打算开封的话，可以赠送他人或是转卖给二手商店。最好是干脆利落地处理掉。一味留存也只是白占地方。

只买真正喜爱的物品，爱惜使用

德国有一句谚语："新扫帚扫得干净，但旧扫帚用着趁手"。工具、衣服以及包等物品不要一股脑地更换新的，而要购买高档的，多次修理保养，长时间地爱惜使用。这句谚语饱含了爱惜旧物的德国人对简约舒适生活的思考。这与旧时日本人的生活方式不谋而合，是物质简约却内心富足的生活基础。

物品是表现自身生活方式的重要工具。购买物品时应该优先考虑是否符合自己的生活方式。为此，德国人只购买一定数量的符合自己心意、与自身生活方式相适应的生活必需品，且彻底执行爱惜使用的原则。

到处都是修补餐具的修理店，长时间且爱惜地使用物品的文化深深地根植于这片土地，从不乱买乱囤。

物品数量超过自身需求，只会一味占用空间，且在保养修理上浪费大量精力。只购买自己需要且中意的即可。这样一来，东西就不会越来越多，房间也不会变得凌乱了。**只购买自己真正喜爱的物品，爱惜使用，是减少物品数量的铁的原则。**

对于我自己来说，所谓好东西，就是符合自身生活方式，使用方便的物品。从倾尽多年积蓄购入的沙发，到德国带回来使用多年的梅森瓷餐具，这些符合自己生活习惯的小盘子、小碗把日常生活装点得多姿多彩。到现在，这些物品一如伴随自己成长的多年老友，无可替代。十几年前在国外的小摊上一眼看中的廉价装饰品，现在已经成了漂亮的老艺术品。

出于喜爱而购买的物品，一定会爱惜地仔细使用。虽说不一定勤于保养，但也绝不会粗暴对待。坏了就修好再用，修不好就考虑其他用途。爱惜使用的心爱之物是无法轻易舍弃的，这一点非常重要。如果身边都是心爱之物，养成了爱惜物品的习惯，日常生活自然也变得周到细致。通过爱物惜物，养成俭约的生活方式。

若物质过于丰富，则很难做到细致地生活。东西太多，这个不行就换一个，根本不会想到要爱惜物品。结果就不断地买新的，东西越来越多。为了打破这一恶性循环，必须养成习惯，**只购买自己真正喜爱的、适合自己生活方式的物品，且长期爱惜使用**。这才是减少物品数量的王道。

重复利用、反复穿着之心

穿牛仔裤时，偶然发现膝盖部分磨得太薄，似乎很快就要破了。但这条牛仔裤已经穿了十几年，不忍心丢掉。这该怎么办呢？这时脑子里突然想起了孩提时代，母亲用垫布缝补裤子膝盖破洞的场景。想到这里，赶紧拿着裤子去专门的缝纫店，于是一条复古风的裤子就完美复活了。这又是一次爱物惜物的体现。

20世纪60年代初期，大多数日本人除了正装没有什么别的衣服，日常生活中也穿着和服。因此，为了保证长时间的穿着，普通家庭也有自己浆洗衣服的习惯。浆洗是和服的洗涤方式。先将和服拆开展成一整块布，然后水洗，洗好后贴在一张木板上，再用刷子给衣服上浆，抚平褶皱后再晾干。

新和服价格高昂，但旧和服可以通过浆洗重获新生，恢复其原本的弹性和光泽，重新焕发出光彩。褪色的和服则重新染色，注入新的生命力。布料有所损坏的和服也不轻易丢弃，而是仔细用到最后。例如：

改做孩子的贴身衣物或和服；

剪下干净的部分缝合在一起使用；

做成被子，或做成坐垫。

以上种种对和服的再利用的方法流传甚广，到最后可以剪成布条做成掸子。如此反复穿着、重复利用，充分做到了物尽其用。

虽说现如今追逐便宜且方便的时尚快消品是世界潮流，但是稍显陈旧、稍有腻烦就立即丢弃另购新品的消费方式与自古以来靠浆洗度日的生活方式相比，可以说是两个极端。

只是偶尔采取这种方式尚不算什么，但如果时常都如此的话，过上爱惜心爱之物、简约且细致的生活似乎就不行了。人人都希望心爱之物可以一直用下去。如果这一物品对于自己来说是独一无二的，就更是如此了。不会轻易丢弃，**有所损坏也会拿去修理**。花多少钱都没关系，只要能让其重获新生。或者也会各种考虑是否有其他用途。正因为是需要珍惜的心爱之物，才会**不断产生重复利用的灵感**。如果是量产的物品，用多少都有得替换，就不会去珍惜了。

比起东买西买，少量购买喜欢的东西并将其用到极致更让人心满意足。这种高品质且细致的生活难道不精彩吗？

减少物品数量的生活准则——添一件扔一件

为了减少物品数量，避免增加，必须牢记“**固定位置、固定物品、固定数量**”的思维方式。“固定位置”是指固定物品的摆放位置，用完后必须立即回归原位。只要贯彻这一点，就不会找不到东西，也不会重复购买同样的物品，造成浪费。“固定物品”是指拥有与自身生活方式相适应的喜好和执念。这样就不会轻易被所谓“人气新商品”和“打折商品”等吸引，减少冲动购物的可能性。因为固定物品可以及时遏制购物冲动。不乱买东西就不会增加物品数量。“固定数量”是指把物品总数控制在住宅空间和自己的管理能力范围之内。如果物品数量超出收纳空间，家里必然变得凌乱。就算控制在了收纳范围之内，如果超过了自己的能力范围，想必也难以维持家中整洁。无论是什么样的豪宅，不好好收拾的家永远收拾不好。

考虑到自己的管理能力，我把物品的“固定数量”控制在家中收纳空间的百分之六十到七十之间，剩下**百分之三十到四十的空间通常是空着的**。以“固定位置、固定物品、固定数量”的思维方式为基础来决定“购物规则”，避免购买多余无用的物品。制订类似以下的规则，并严格遵守：

（1）买一件扔一件；

（2）透明包装的物品，用掉一半以上后立即补充备用品；

（3）保鲜膜等看不见内部的物品则用一个囤一个；

（4）生鲜食品购买一天的量即可；

（5）不贪便宜；

（6）不拿免费的赠品和样品。

第一点“买一件扔一件”是衣食住行所通用的大原则。如果能遵循这一规则，就能持续保持同一物品数量，比如鞋子。看见中意的鞋子，一定要决定处理掉哪双鞋子后才能购买。衣服也是一样。添一件扔一件。给自己制订规则，可以避免冲动购物。“这东西确实不错，但我真的需要吗？”“现在不买也没关系。”在思考扔掉哪一件的过程中，反而可以冷静地看待自己对新物品的欲望。

第二点中“看得见内部的物品”是指醋和酱油等物品。**用量超过一半后立即补充一个备用品**，这个时机刚刚好。贪图便宜，在特卖会上买一堆只会浪费空间。

第三点中“看不见内部的物品”是指保鲜膜和锡箔纸等看不见里面的物品。为了避免用到最后突然发现没有了，要多买一个，总是**准备好备用品**。

另外三点应该没有必要特别进行说明。只购买一定数量的生活必需品，家里就不会塞得满满当当。合乎自身要求的物品数量也方便管理，可以延长物品的使用寿命。

保持整洁的大原则，只留下必需品

为了保持房间干净整洁，**必须把固定数量的物品放在固定位置，并且用完后立即返回**。比如，圆珠笔一般常备两三支，放在起居室装小东西的柜子抽屉里。用完后必须放回原位。笔墨快用完时再买一支。制订类似规则并严格遵守。这样要用时就不必到处翻找，同时也可以避免因为找笔不方便而屡次地购买同一种笔。

不增加物品数量，保持房间整洁是大原则。衣物也好，家具也好，餐具也好，所有物品基本上都是一样的。只要遵守这一原则，就不会增加物品数量，家里也不会变得乱七八糟了。

那么，要想把这一原则作为习惯，应该怎么做呢？下面，我会介绍两种谁都能做到的简单方法。

第一种方法是在**玄关设置钥匙存放处**。

我家玄关处放有一张小桌子，上面放着一个共用的小盘子，用于放钥匙。家门钥匙、车钥匙等全部放在里面。家人各自出门时从这里拿走自己的钥匙，回来后再放回去。践行“固定位置、固定物品、固定数量”的准则，在日常行为中导入“使用后立即物归原处”这一保持房间整洁的重点行动，将其习惯化，从而达到不用收拾就整齐的状况，保证必要的物品都在其该在的地方。

要让家人彻底贯彻这一原则，养成习惯。这样就不会导致临出门找不到钥匙的混乱情况发生了。再者，只要看一眼钥匙碟，就能知道家人的动向，是早早就回来了还是很晚了还没到家。家人间的感情因此更加深厚。

顺便一提，喜欢的盘子如果盘沿轻微损坏无法正常使用，正好可以作为钥匙碟重复利用。东西坏了不要扔掉，而是另作他用，赋予其新的生命力，这正是内心富足、朴素简约的生活方式的绝妙之处。

第二种方法是**固定孩子玩耍的地点**。

常常有做母亲的客户问我，孩子的玩具总是让房间变得乱七八糟，有什么好方法可以解决这一问题吗？孩子们拿着玩具到处玩耍，玩腻了就扔在那里。如果把起居室、餐厅、儿童房等地的玩具全部集中到一起，你会惊愕地发现多得吓人。为此，建议大家固定孩子的玩耍地点。

具体来说，就是把**旧床单或旧浴巾铺在地上，让孩子在这上面玩耍**。创造一个视觉空间，让其告诉孩子们“你（们）的游乐场所是这里，而且只有这里哟”，让孩子自觉遵守。玩耍结束后，用打包袱的方式，把床单上的玩具哗啦一下全部包好捆起来，然后放回固定的位置。孩子要玩的时候再重新打开。

这一方法还能纠正孩子到处乱写乱画的毛病。在德国，墙壁上经常贴着模造纸（模仿道林纸之称，纸张表面经上胶处理，用于书写或印制普通印刷品。而其纸浆为旧纸、破布等），一般贴在其中一面墙上，和孩子身高相等。它的存在告诉孩子“只要在这个地方，随便你怎么涂怎么画”，激发并促进孩子的创造力和好奇心。孩子们高高兴兴地在此涂涂画画。模造纸画完了没有地方了，就再贴上新的。这种方法既能培养孩子们的纪律性，还能激发孩子们的创造力。

玩具扔得到处都是、在墙上乱涂乱画实在惹人心烦。母亲的心情我非常理解。但是，如果大人能够开动脑筋，为孩子准备一个这样的环境，那么玩具就不会扔得乱七八糟，乱涂乱画的问题也能够完美地解决。

追求内心充实而非物质丰裕

物欲与心灵状态有着密不可分的关系。内心充实的时候，很少想买东西。但内心一旦充斥着不安或者空虚，就很容易冲动购买多余的物品。

位于东京市中心车站大楼的购物中心每日营业至晚上 10 点。我们曾经做过一个调查，研究傍晚 6 点至 10 点间前来购物的客人有哪些类型。其中大多数都是下班回家的女性。采访店家时我们还得知，这四个小时甚至可以说是决定一天营业成果的重要时段。原因在于“冲动购物的女性较多”。内心突然裂开的空洞需要用大量物质去填满，这样的女性应该不在少数。然而，物质是无法填补内心空虚的。事实刚好相反，只有给身边物品做减法，追求简约朴素的生活，才能获得内心的安宁。

当然，并不是说购物是罪恶的。简约朴素的生活和吝啬的生活不一样。结合自己的生活方式，真正需要的物品可以不惜重金购买，相应地，多余的物品则一概不买。认真节约利用，张弛有度最重要。

虽说如此，你我皆凡人，偶尔内心也会燃起对某一物品的强烈欲望，像上文所说的下班回家途中的女性一样，被购物的冲动打败。减少物品数量，必须克服这一冲动。为此，建议大家采取以下两种对策：

（1）先填饱肚子再购物；

（2）先冷静一晚，冷却购物欲望。

如果空着肚子逛街，很容易购买不必要的物品。空腹带来贪欲。尤其是在出售各类食物的超市。总是有人购物回来后才发现，为何自己不知不觉买了这么多东西。

为了避免这种情况，出门之前可以吃一些小点心，饼干也好糖果也好，什么都可以，总之先填饱肚子再出门。光凭这一点，放进购物篮的商品数量就会比空腹时减少三分之一左右。

冷静一晚，冷却购物欲望也很重要。冷静地思考这件物品是否真的有必要购买。内心燃烧的熊熊欲望之火一般会在一天后变得非常微弱，很多时候都不会再想去买。如果冷静一天后还无法平复心绪，就试着反问自己：“这件物品是否真的是必需品？”“需要在何时何地使用？”这时反而会出乎意料地得出“不买也没什么”的答案。

有时候冷静一晚后还是觉得有必要买，但到店里一看却发现已经售罄，这种情况下只要安慰自己和它没有缘分就好了。价格可观的物品严禁速战速决。冷静一周、一个月或者更长的时间，确认这一热衷之情是否真实。

一见钟情的物品价格不能超过一万日元（约合人民币612元）。
这是我冲动购物时的原则。

于横滨市鹤见区建功寺内对谈留念。

第三章

心灵大扫除——教你如何拥有清净简约的生活。

——枡野俊明与冲幸子对谈

摆脱执念，回归充实本心

物欲横流的烦恼

冲：大师，好久不见。

枡野：上次一起参加“提高生活品质研讨会”之后，大概一年未见了吧。

冲：上次研讨会，我学到了很多。对于如何让所有女性生活得光鲜亮丽这一问题，专家们针对如何改善生活环境提出了许多建设性的意见。

枡野：是的。对我来说也是非常有意义的一天。

冲：今天我们的主题虽然是“禅与扫除”，从提高生活品质这一含义来说，也和那天研讨会的主题类似，有重叠的部分。

枡野：确实如此。现如今我们的生活中充斥了太多的物质，却感受不到内心的富足。我认为，为了提高生活品质，要减少物品数量，追求更为简约朴素的生活。为此，**不仅仅要处理身边的物品，还要对心灵做一次大扫除。**

冲：减少物品数量，放下物质，意味着**直面一向以来优柔寡断的自我，难以放下的自我，以及深陷物欲无法自拔的自我。**某种意义上，是和自己的一次战争。正可谓一次心灵大扫除。然而，为何我们这些普通人还是深陷物欲横流的烦恼之中，不断地购买新的物品，把家塞得满满当当的呢？

枡野：我想，这是因为我们不仅生活在物质丰富的世界中，还生活在以网络为代表的高度信息化的社会之中。

冲：网上什么都有得卖，想要的东西只要动动手指操纵电脑或手机就行。国内自不用说，连国外的商品也能够轻易买到。

枡野：和三四十年前相比，接触到的物品和购买物品的方式越来越多。足不出户就能买到各种物品。哪怕自己没有注意到，物品广告也会不知不觉地进入视线之内，让人觉得这也好那也好，激发人们的购物欲。不知不觉就买了，原因就是这种连锁反应。

冲：比如，女性在网上搜索如何变苗条、如何拥有好身材时，各种相关食物、营养品、运动装备、美容用品等商品就随之跳出来了。而且一般都带有“一下减去 ×× 千克”之类的宣传语，让人不由自主就产生兴趣，心想着“不会吧”而点开链接，广告效果惊人。虽说心想着不太可能，结果还是买了。因为卖家很好地抓住了女性希望轻松瘦身的弱点。

枡野：过去，想瘦下来只有运动一个方法。因此大家都努力坚持每天散步或跑步。坚持这么做的人应该都能瘦下来。但是现在，市场上看似能让人轻松减肥的商品多如牛毛，相关信息也如洪水般席卷而来。因此，小试过后没有效果的商品会被贴上不好的标签，很快就被别的商品淘汰。

真正想减肥，就不要过于依赖市面上的减肥产品，而要思考为什么会变胖，找到原因，这样才能瘦身成功。饮食习惯不佳或缺乏运动等，原因大多在于自己本身。即便如此，还是有人会寄希望于物质。

不仅仅是减肥，如果任由这类信息泛滥，就会觉得这也想要那也想要，不断地购买新的物品。等回过神来才发现家里已经塞得满满当当。在汹涌的信息浪潮中随波逐流，正是我们的真实写照。

冲：而且这样并不能让人感受到内心的充实。内心的满足感只是一瞬间的事情，想要的东西到手后，马上又会想要别的东西。于是一遍遍地通过购买新的物品填补内心缝隙，没有尽头。

枡野：这正是禅宗所谓的**“执着”**。执着心让人的欲望越变越大，无穷无尽。觉得这东西好就买了，结果回家一看，家里完全相同或是类似的东西已经有好几个了。慢慢就到了内心欲望无法控制的地步。得到某样东西后，马上又想要别的东西。这是现代人的特征之一。

除了生活必需品，其他都无所谓

冲：为了控制物欲、回归充实的本心，应该怎么做呢？

枡野：一言以蔽之，重点是不要被洪水般的信息吞没。为此，可以把物品分为以下三种：**①没有的话会给生活造成困扰的东西，即绝对的生活必需品；②有更好，没有也无所谓的东西；③心血来潮想要的东西，也就是完全没有必要的东西。**

根据需要程度排出先后顺序。这样一来，除了绝对的生活必需品以外，别的东西没有也无所谓。虽说如此，实际上我们身边堆满了这类无所谓的物品。并且购物欲望缠身，扰乱心神。

我们真正需要的，只有那些如果没有会给生活造成困扰的东西。这些是绝对的必需品，无需犹豫直接购买即可。而且这些东西最好买高档的，让人使用时更加爱惜。有点损坏也可以修好再用，长久且珍惜地使用下去。

冲：确实如此。好东西要珍惜。浪费可耻。

枡野：是的。如果觉得凑付能用就行而购买廉价品，就不会珍惜，而且很容易用完就扔，觉得用坏了再买新的就行。这样无法产生珍惜物品的想法。这也是造成物品越来越多的原因之一。

毋与他人做比较

冲：为了控制物欲，重点是避免和他人作比较的虚荣心。比如，据说在电视刚刚开始普及的20世纪50年代后期，电视天线比电视卖得更好。明明家里没有电视，还要装作有电视的样子购买天线。实在虚荣得很。

枡野：人总是要和他人作比较。一旦发现自己某些地方不如别人，就变得焦虑不安，心情低落。

但是，和不如自己的人相比又会产生优越感，让人安心。所以买不起电视也要先装上天线。这样就算家里没有电视也能让附近邻居以为自己有。这样自己家也和普通人家一样达到标准了，确认了自己的地位后就能放下心来。汽车也是一样。邻居家换了新车，我们家也要换。哪怕现在的车一次车检都还没做过呢。事实上现在的车已经足够了，性能不好、出现损坏的话再换即可。

一旦产生和他人作比较的想法就糟糕了。自己就是自己，和他人相比也不会改变什么。禅宗认为**将自身和他人相比是最不可取的事情**。优劣、上下、胜负、自他，等等，以二元论的方式看待事物是非常不可取的。佛性正是超越这种二元论思维方式的体现。

冲：思考如何提高自身时，和他人作比较是没有任何意义的。所谓自己，就是丝毫没有他人痕迹的自己。

对他人产生羡慕之情时，只要试着想象一下自己身处无人岛。
无人岛上只有自己一人，没有可作比较的对象。只能着眼于自己而生活。这样可以从嫉妒或羡慕的情绪中得以解脱，重拾平静安宁的内心。

枡野：我觉得这是一个很好的方法。和他人做比较，发现自己不如人，会让人产生怨恨嫉妒之情，并且产生不服输的心理导致虚荣心猛增。或者会觉得自己的生活不如别人而自怨自艾。这些都不是什么好事情。人只有从嫉妒心解脱出来重获自由，才能找到真正的自我。

百人百性，千人千面。大家一定都有自己的专长。不擅长的事情可以拜托给别人，而自己的专长可以尽情发挥。在校学习期间，文理科都属于基础学科，都必须好好学习。而毕业之后可以只充分培养自己的优势科目。

禅语有云："春色无高下，花枝自短长"。春天的风景无论在长枝短枝上都是一样的，没有高下之分。只是长枝光照好，花朵盛开更早。短枝位于阴影之下，花朵盛开更迟。盛开方式有所不同。这并没有好坏之分，**只是枝叶出于各自不同的立场采取了不同的盛开方式。**每一条枝叶都恪守本分，竭尽全力地盛开。长枝短枝都无所谓。

冲：现如今的社会，似乎所有人都拥有同等条件和同等的机会才叫平等。其实不是这样的。机会就像春风一样，对每个人都是平等的。之后就是根据自身的能力，找到适合自己的生活风格就好。这才是真正的平等。

枡野：如果所有人都处于同一条件之下，拥有同等的机会，只会一下子被束缚在某一框架之下，世界会变得非常奇怪。从禅宗的思维方式来说，这是打着平等旗号的不平等。根据各自的能力发挥个性才是最重要的。

拥有自己的生活风格

冲：我认为，控制物欲从某种意义上来说，最重要的是要拥有自己的生活方式、思维方式和生活风格。只要做到这一点，就能判断出对于自己来说什么是必要的、什么是好的，也能分辨出其他物品在社会上如何流行，不管评价有多高，也不会购买生活必需品以外的物品了。即使如洪水般的信息来袭，也不会冲动消费而购买多余无用的物品，当然更不会增加物品数量了。

枅野：您的观点非常重要。禅语有云："水急不流月"。说的是无论水流多么湍急，倒映在水面的月影也不会被冲走，而是一直停留在此。如果认真保持自我，就能像水中月一般，不为信息或流行趋势所动，不随波逐流。

不符合自己价值观的东西，能买也不要买。有选择的消费行为可以创造和自己生活风格相适应的、内心充实的生活方式。

冲：很久之前，我第一次居住在德国时，是大学的旁听生。那时还不会说德语，所以参加了一个有很多外国人的德语培训班，班里只有我一个日本人。

课程刚开始，老师就问我们对于“柏林墙”有什么看法。柏林墙于1989年11月9日被拆除，这是拆除之前的事情了。由于大家还不会说德语，只能用英语回答。我也用英语做了发言。德国老师说：“舆论也好，媒体报道也好，不需要复制粘贴这类借来的意见或信息。大家自己针对这一问题的看法究竟如何？”也就是说，老师认为我们没有扎根于自己的思维方式和生活方式，言论缺乏主干支撑。

德国人在被征询意见时一定会说“Ich denke”或“Ich glaube”，意思是“我认为”“我觉得”，相当于英语的“I think”。

枡野：脱离了自身思维方式和生活方式的语言是没有说服力的。

冲：我认为购物也是一样。如果有坚实的支柱，对照配合自己的思维方式和生活方式，就能冷静地判断出是否真正需要某件物品。但是，如果自己的思维方式和生活方式不够扎实，只要听人说“这个现在正流行”“这个现在降价了”“这个很适合你呢”之类的话，就算不需要的东西也会觉得很好，一下子就买了。结果东西越来越多。

枡野：在从事庭园设计的工作过程中，我也结识了许多欧洲友人。他们踏踏实实地掌握了褒义的“自我”。

冲：是的。在欧洲，各种事物都留有历史阶段性的痕迹，无论是哪一阶层，或多或少都存在人生上的制约，不得不在制约中生活。虽然不情愿，但不得不从小就开始思考自己的人生。总之先读小学高年级，之后再决定是继续读书还是出来工作。当然，之后也有很多转型的机会。但是大多都得在这一时间做出决定。因此，大家都不得不从小就开始思考如何安排自己的生活。

枡野：这一点和日本大有不同。小学生们就算会考虑是否升学，也不会考虑自己以后如何生活那么深刻的问题。不仅如此，长大成人后也不考虑这一问题的也是大有人在。

冲：我虽然在德国、英国和荷兰都生活过，但按照自己的方式生活，并不会受到身边环境和人的影响。我清楚地知道什么对自己来说是好的，**充满个性地生活着。对你来说不需要的东西也许对我来说是必需品。对你来说的必需品可能我根本不需要。**这一界线划分我从小就非常清楚。因此，我不会买没有用的东西。并且我买的都是家人喜欢的东西，可以长久且爱惜地使用下去。

枡野：也就是说不会被流行或他人意见左右。

冲：在欧洲，每个城市都有古董店。虽然已经过去了好几十年，但第一次走进英国古董店的感觉仍然让我记忆犹新。稍有污渍的大镜子、略带茶垢的茶杯等，店里出售各种各样的二手用品。虽说还有很多甚至很难称得上干净的东西，但种类极其繁多。究其原因，是他们每个人都非常清楚自己的喜好和风格。

所以他们想要某种东西，就会一直购买同类品，一直增加它的数量。别的一概不买，更不会去模仿他人。我的德国友人数十年如一日地从英国的古董店一样一样地添置家具。因为价格太高无法一次性全部购买。对于他们来说，古董店是非常重要的，能够找到且买齐自己喜欢的东西。

枡野：因为古董店里有自己喜欢但之前没能购买的东西。每个人应该都有自己梦寐以求的古董吧。

冲：日本人虽说具有明显的亚洲属性，但日式、西洋式、中式风格杂糅。本土人形玩偶、法式玩偶以及中式人偶面塑均有装饰。我觉得喜好没有一贯性，也是物品多而杂的原因之一。

享受心外无物生活的时代

枡野：我认为，人之所以购物，追求的是充实感。然而，物质的丰富并不等于心灵的富足。生活在20世纪的人们笃信，只要物质丰富，生活就会变得富饶。大家认为只有“大量生产、大量消费”才能提高国家经济水平和国民生活水平。或者说，便利、速度、信息量等能够丰富物质生活的“富足方程式”孕育了我们。

结果，虽然物质日渐丰富，但回过神来，却发现无论如何也感觉不到内心的富足。这一问题21世纪日渐突显。**物质无法带来真正的富足。意识到这一点的人应该会从物欲横流之中清醒过来。**

实际上，意识到这一点的人越来越多。被称为极简主义者的人们正是其中的代表。但是没有意识到这一点的人们会觉得，内心缺乏充实感是因为拥有的还不够多，反而更加执着于物欲。因此，他们不会爱惜物品。只会不断购买新的，用过就丢弃。

冲：人们是从什么时候开始不爱惜物品了呢？我曾经粗略调查过，以20世纪60年代的经济高速增长时期为界，垃圾数量呈爆发性增长。

枡野：大量生产、大量消费的时代就会粗暴地对待物品。

冲：是的。物品增加的时期也是不爱惜物品的时期。大量生产、大量消费从经济层面来看确实对日本的发展做出了巨大的贡献，但是我们因此失去了一些东西。

枡野：一两百年前，电脑还未出现，手机也尚未问世。没有飞机，也没有新干线。但绝不能说那个时候的人们生活得不够充实。

四季迁移，秋天丰收之时，尽管物质并不丰富，他们的内心却着实富足。

以这样的观点来对待生活是非常重要的。如果说我们现在开始只重视生活必需品，爱惜且长时间地使用，就一定能**过上不一味追求物质的生活**。

石文化和木文化的差异

冲：欧洲人非常珍惜物品。他们早于日本经历工业社会，但并没有变成日本这样的国家。这是为什么呢？

枡野：欧洲属于石文化。建筑物是以百年甚至千年为单位的。一旦建好就不会去破坏，有所损坏也能修理后继续使用。而日本文化属于木文化，韩国文化、中国文化也是如此。可以切身感受到木材的腐朽破败。因此大家都无法抗拒以旧换新。

欧洲是石文化，以旧换新是一件很麻烦的事情，所以会产生抵抗心理。我觉得差异就在于此。

冲：日本人在经济高速发展之前也曾经非常爱惜物品。

枡野：大量生产、大量消费这种美式思维方式入侵时，大家就认为腐朽破败的木文化应当被新的物品替代。住宅是典型代表。不是重修，而是破坏后重建。欧洲则采用不会损坏的石头作为外墙，保证外观的同时重修住宅内部。这两种想法可以说是截然相反。这就是产生差异的原因。

冲：其实木质建筑只要好好建造，似乎也能保持数百年呢。

枡野：可以的。据说采用千年树材建造房子就可以保持千年。

木质建筑的寿命只能是其树木的寿命。然而现如今，住 30 年左右就会被推倒重建。为了让我们的社会变成爱惜物品的社会，应该着眼涉及民生本质的住宅问题。

为什么欧洲人喜欢送花

冲：欧洲和日本相比，在送礼习惯上差异也十分显著。日本有赠送纪念品等的赠答文化，而**欧洲人不怎么习惯送礼**。要送一般也是花或者巧克力之类。这应该也是鲜有存放多余物品的原因之一吧。

枡野：说不定确实有这方面的原因。

冲：欧洲的店铺在周日会全部关门休息，但只有花店例外。车站的小卖部也一定有鲜花和巧克力出售。

调查发现，其实日本人也非常喜欢花。日本的鲜花销量甚至不比德国低。大家一般都带着花去哪儿呢？

枡野：日本的花大多为佛花。多用于春分、秋分、盂兰盆节、葬礼等场合。问问日比谷花坛（日本连锁花店品牌）的老板，就会知道，如果从数量来说，用于佛事的鲜花数量似乎占压倒性优势。当然鲜花也用于送礼，但和欧洲相比数量是很少的。

冲：啊，原来如此。是佛花啊。

枡野：是的。

冲：我曾经受德国一位旧贵族的邀请参加晚宴。德国人的名字中如果带有“von”，说明是旧贵族。那位先生的名字中也带有“von”。我当时想，拜访那位先生的家时，应该带些什么礼物好呢？还是问问秘书比较稳妥。

而秘书跟我说："带花就好了。但是我们不清楚对方的夫人喜欢什么花，所以准备 50 枝品种各异的花怎么样？"我觉得这是个好主意，于是就买齐所有种类 50 枝花前往拜访。他们家果然厉害，简直像城堡一样。而对方很高兴地接受了我的礼物，让我松了一口气。

50 枝品种各异的鲜花的好处在于非常绚丽多彩，并且枯萎顺序也不尽相同，可以尽情欣赏，直到最后一枝凋零。

枡野：这样一来其中肯定也有女主人喜欢的花吧。还可以成为晚宴中亮眼的点缀。最重要的是，可以欣赏到最后一枝花朵凋落为止。真是绝妙的想法。

冲：从那之后，我去拜访朋友，或是参加某些庆祝活动时，常常会采取这种方式，**买二三十枝品种各异的鲜花带去送人**。这样也不会给对方带来储物的负担。既能满足内心需求，又能让人感到愉快，有益无害。

奢华的社会和质朴的社会

冲：我觉得，从社会系统或习惯这一方面来看，欧洲已经成为质朴的社会，日本反而成为奢华的社会。从古董店也可以看出，**欧洲人再回收、再利用、再循环的观念已经根深蒂固了。**

枡野：日本似乎还有很多赠品之类的东西。购物时总是附带有试用品、促销特惠商品等。欧洲没有这些。

冲：日本街头总是有人派发印有广告的餐巾纸，欧洲没有这一现象。日本人也许真的很热爱有形的物质。

枡野：餐巾纸之类的不拿白不拿，所以自己就会主动伸手去拿。

冲：总之，日本人只要是免费的都会拿的。

枡野：这些东西渐渐就会被埋没在抽屉或收纳柜里。

冲：最近用精选的宣传册作为结婚礼物的人也有所增加。

枡野：这也很让人头疼呢。

冲：是的。因为每个人的喜好都不相同。碰巧是自己想要的也就罢了。所以我现在除了食物以外不买别的送人了。食物的话，享用完就没有了。

枡野：都装进肚子里了。

冲：虽然是小事情，但却也是可以避免增加物品数量的重要习惯。

比起如何丢弃，更应该考虑如何避免拥有

冲：常常有人问我，如何才能减少物品数量？这真的是本末倒置了。如果不养成质朴的生活方式和思维方式习惯，无论扔掉多少东西，最终还是会变多的。

枡野：正是如此。从禅的方面来说，**首先不要持有多余的物品**，这一点是最基本的。修行僧又被称为云水僧，正如大家所知，这一称谓出自“行云流水”一词。修行僧们一如悠悠白云，又如潺潺流水，为了跟随德高望重的师父修行，一心前往各地求师问道。如果带的东西太多便难以行走，因此只携带少量必需品。袈裟等衣物和用餐时使用的钵盂，再加上少量的经书，这些就是全部了。而且之后也不会再增加，因为东西一多旅途就会变得很麻烦。现代修行僧也是如此，修行结束后的行李也只有一点点。寺庙的僧人每个人只有大约三个纸箱那么多的个人物品。以前好像大家行李很多，可一旦感受到轻装的好处后，大家自己就明白了，还是简朴的生活更加舒适。就拿洗衣服一项来说，要洗的东西越多越辛苦。我甚至可以说，就算随时搬家都没问题。

有一句禅语叫作**“本来无一物”**，意思是**人降生于世时原本不带有任何物品**。还有一句话叫作 **“无一物中无尽藏”**，意思是无一物之中蕴藏着无限可能。

冲：能带来这一可能性的正是不持有多余的物品吧。

枡野：正是如此。

冲：我们和长期修行的出家人不同，都是凡夫俗子，总是想买这买那。如果不特别注意这一点，很快身边的物品就会越来越多。为了禁锢自身的物欲，减少物品，我每天都在约束自己。比如**“一天减少一件”** **“买一件扔一件”**等。

这样确确实实可以减少物品数量。

枡野：也就是给自己制定了丢弃的规则。正如您所说，首先试着放下，这一点非常重要。因为放下后一定会拥有好心情以及清爽感。接下来就会想着再处理下一件物品。

冲：这是把自己从对物质的执念中解放出来的一种方法。

枡野：确实如此。**放下执念**。简单地打个比方，就像香火钱一样。供奉香火钱就是对着功德箱“砰”的一声扔进去[1]。**虽说常常有人会轻轻地放进去，但最好还是扔进去。这意味着放下执念。**

冲：把钱扔进去看起来有些粗暴，总觉得有些难为情。但实际上并不会这样，反而扔会比较好。

枡野：把钱轻轻放进去，正说明放不下心中的执念。请让这点钱在具有重大意义的地方发挥作用吧，抱着这样的想法扔进去才能斩断内心执念。因此，参拜寺院供奉香火钱时，最好扔进去。

---

①日本寺院的功德箱和中国不同，有数根木条横在开口处，一般只把硬币扔进去，因此碰到横木会发出碰撞声。——译者注

冲：处理物品后，房间和心灵都会变得清爽，这和供奉香火钱是一样的，只要放下，就能斩断内心执念。

枡野：是的。放下物欲，心情变得愉悦，内心感觉清明，执念自然随之消散。丢弃物品，同时也是对心灵的扫除。

将物质分为三类进行思考

①没有的话会很麻烦＝绝对必需品；
②有的话会更好＝没有也没关系的物品；
③希望总有一天可以拥有＝完全没有必要的物品。

礼物选择不留痕迹的类型

· 准备30枝品种各异的鲜花会让人心情愉悦。

制定丢弃规则

· 一天减少一件、买一件丢一件。

爱惜使用品质优良的物品，整顿住宅和生活

拥有品质优良、令人珍爱的物品

冲：前几天，我在采访中和一位编辑交谈过。这位先生对物质没有执念，似乎只要能穿、能用就行。但有时候他也会觉得，还是不要这样生活比较好。

枡野：他转变想法的契机是什么？

冲：他在和某位作者计划开会时，作者为了征询其他人的意见，“唰”地一下从夹克衫胸前的口袋中掏出常用的万宝龙钢笔，在计划书的空白处唰唰写下自己的想法。

钢笔型号是专门写粗体字的万宝龙 149B：BOA，墨水是深蓝黑色。这位编辑说，他被钢笔的顺滑程度吸引，突然就觉得自己也想要一支，于是马上买了同款。在这之前他一直奉行只要能用就行的原则，钢笔也只买几十块钱的就可以了。虽说书写的手感并不能得到满足，但价格摆在那里，自己也能接受。但是，便宜货最终还是不能长时间使用。笔尖容易损坏，不得不买好几支来替换。“后来我觉得这样真的不太好，”他说，“反正是要用的东西，买质量好的更能满足需求，也会爱惜使用。比起买一大堆不会爱惜的便宜货，反而这样的生活更为富足。”

那之后，他的生活发生了翻天覆地的变化。比如说本来要买三件两百多的T恤，最后就买了一件七百多的。同时处理掉所有不需要的东西。这样一来，物品数量急剧减少，住宅和心灵都变得清爽轻快了。

枡野：真是一件有趣的事情。确实，便宜的东西人们不会珍惜，很快就会想要买新的。所以最终很容易买到很多件类似的T恤。**一开始就买一件品质好的T恤才会珍惜，长时间地爱惜、穿着。**

冲：确实如此。这种方式绝对更好，我认为这也是丰富心灵的一种方法。

枡野：买便宜的东西，大家只会觉得这不过是个玩意儿，不会仔细对待、爱惜使用。以碟子为例，只要满足盛放东西功能的话，买十元店的就完全够用。但是，购买自己喜欢的碟子，长时间爱惜使用，不是更好吗？

便宜的东西如果有所损坏或是觉得厌烦不想用了，很容易再去买新的。这是用过就扔的想法。这样无论如何也难以用上自己喜欢的东西。如果只把物品当个玩意儿，取用时都不会在意。

而如果把预算稍微提高一些，购买自己喜欢的或是感兴趣的碟子，比如唐津瓷碟子，摆在餐桌上，饭菜会更引人注目，情绪也会变得饱满，用餐的时间会更加愉快。这种类型的碟子更加惹人喜爱，取用时会小心对待，可以长时间地爱惜使用。

冲：从使用功能来看也是一样的。当你看出优良工匠制作出来的专用工具的价值后，就会想要同样的东西，就算价格高些也会出手的。像刚刚提到的那位编辑一样。

张弛有度地支配金钱

枡野：希望大家不要误解，我们并不是说十元店里的东西不好，也不是鼓励大家一味地购买高价产品。我们只是想告诉大家，应该根据自己的生活方式，把钱花在该花的地方。就像那位编辑一样，被万宝龙的好钢笔吸引后，就开始改变此前只要能用就好的生活方式。比如，用来捆旧报纸的塑料绳或是橡胶带之类的东西，只要能用就行了，没有必要特意去买高价的，去十元店买就够了。如果无法养成分类使用的生活习惯，无论过多久都无法从囤积东西的生活中解放出来的。

冲：简要来说，就是**要张弛有度地支配金钱**。

比如，贴身衣物可以选用材质良好又实用便宜的快消品，而外衣最好选用合乎自己喜好且能够长时间穿着的高档产品。我自己一般尽量购买天然材质的外衣，夏天选择棉麻材质，冬天则购买百分百羊毛或羊绒，确定好材质再考虑式样和品牌。贴身穿着的T恤，买几十块的也没关系。这种张弛有度是非常重要的。

枡野：为了做到这一点，必须坚定自己的生活风格和价值观。不然无法划分清楚何处该花钱何处不该花。

冲：从这种意义上来说，为了张弛有度地支配金钱，最简单的方法就是确立自己的生活风格。

将物品视作自己的分身，加以爱惜

冲：刚刚说到钢笔的话题，其实我也喜欢用万宝龙的钢笔，已经用了三十年了。写起字来非常顺滑，无论我走到哪儿基本上就用这一支笔。因此，这笔要是丢了麻烦就大了。感觉好像失去了身体的一部分，一定会拼命地去找。曾经有一次丢在公司，我整整找了两天才找到。

枡野：您真的很喜欢这支笔呢，爱护得很好。对待物品就该有这样的心，必须和物品之间建立起这样一种无法分割的关系。

冲：就和人一样。

枡野：禅宗把这称作"**他己**"。**将他人或物品视作自己的分身，和对待自己一样等同看待。**

为此，我们禅僧的僧衣破了缝补后再穿，木屐的纽襻坏了仔细修补后再用。珍惜身边一切物品，绝不轻易丢弃。

冲：也就是他物即自身。

枡野：这些东西都是因为有缘才来到自己身边的，需要将其视为自身的一部分。佛教有两大支柱思维，一是“**诸行无常**”，二是“**诸法无我**”。诸行无常这句话想必大家都知道，是指世间一切事物都处于变化之中。而与之相对的诸法无我，是指世间万物皆无我。也**就是说，没有独立存在的事物，所有事物都存在于一定的关系中**。因此，为了让自己心情愉悦，必须让他人也心情愉悦。他人若心情不佳，自己也无法感受愉悦。像这样站在对方的角度思考问题，或者说要珍惜他人的存在。无论对人还是对物都应如此。

冲：经常使用的物品、长年用惯的物品，我觉得它和自己似乎是一心同体的，必须好好珍惜。所以一旦不见了就会拼命去找。长年用惯了的物品就像是自己身体的一部分一样重要，是其他东西难以取代的，可以称得上无价之宝，无论花多少钱也买不到。

枡野：确实如此。

冲：还是刚刚那位编辑的话题，自打他买了万宝龙的钢笔后，写信的次数好像都变多了。之前发邮件只写一些客套话，现在也会用心多写一些过去了。

枡野：可以想象。有了好钢笔后，真的会越来越想写信。拥有高品质的东西且爱惜使用，思维会更有深度，生活也会变得更加精细。

品质良好的物品要勤加修缮，爱惜使用

冲：我认为日本社会是尊崇制作精良且长期爱惜使用物品的传统社会。比如，东西坏了就一次又一次地修理，再继续使用。为此常常备有修理用的零件，没有的话就开动脑筋自己做。

枡野：还有很多像磨刀师傅或修锯子的木匠等专门保养物品的工匠。因此，长期用惯的物品或是从老一辈手里继承下来的物品，都可以重获新生，再次使用。

冲：现在的家用电器等就算坏了修好再用，充其量也不过能用上十年左右。十年后零部件都没有库存了，想修也修不成。就算想长期使用也用不成。这一点也是不爱惜物品使之泛滥成灾的原因之一吧。

枡野：随身物品一边修整一边使用，更容易心生爱惜。以这种方式生活，物品数量自然不会增加。

冲：确实如此。

枡野：瓷器如果破损缺口，可以采取金缮或银缮的修复方法，也就是将需要修补的部分漆上金银。这不仅仅是破损瓷器的修复方法，更是自古以来传承下来的古典技艺，具有极其深厚的价值。

冲：刚到德国时，有件事让我非常震惊。德国甚至有专门修补破损餐具的地方。喜欢的餐具破损后，我也去那里修补过。陶瓷也好玻璃杯也好，什么都能修好。**德国人懂得购买品质良好的物品，并且反复修缮保养，长期且爱惜地使用。**这让我深为感慨。

枡野：原来如此，日本到现在还有从事金缮、银缮的工匠。虽然这早已不常见了。

冲：在从前的日本，这类工匠对于平民来说是理所当然的存在。现在似乎已经成为需要作为日本传统文化好好保护、延续命脉的存在了。

枡野：非常让人遗憾。只是，最近似乎有的地方开始举行教授金缮、银缮技法的市民讲座，一些大型购物中心也出售金缮、银缮套装。好东西长期爱惜使用的人似乎有所增加，真让人高兴。

物尽其用是对物品的尊重

冲：旧时日本人习惯穿和服，平日一般穿木棉材质的。先做成人的衣物，如果破了就裁小给儿童穿，再穿破了就用作尿布或抹布。这种物尽其用的做法在全世界都为人称道。

枡野：布匹也是有生命的，所以要物尽其用。

冲：做到这一点，心灵就会变得富足。

枡野：其实，我们僧侣穿的袈裟原本叫作“粪扫衣”，是收集大家扔掉不用的，或是擦过脏东西的碎布，洗净剪裁后拼缀而成的。这一做法自释迦牟尼佛时期就已经存在，一直延续了两千六百年。

冲：日本人受佛教影响，**从尿布到抹布，将所有物品视作有灵魂的存在，细致且珍惜地对待生活。**

枡野：一切物品都是有生命的，不浪费一丝一毫才是对物品的尊重。旧时的日本人就是这么认为的。比如，从前寺院里一定会有石臼，用于磨面舂米。

但用了十多年后，石臼的臼齿有所脱落，无法磨粉了。这种情况下不能再磨面了，可以用作渍物石，用来腌菜。渍物石又能用上十多年，损坏后放在院内雨天容易积水的地方，作为踏脚石。这就是物尽其用。

冲：这和把木棉做的旧和服裁成尿布和抹布的做法是一样的。

枡野：是的。比如说汤碗破了，不能用来盛汤了，可以用来插花。这样一来就焕发出了和汤碗截然不同的生命力，以另一种方式延续生命的光辉。

冲：我也把断了把手的基诺里咖啡杯（理查德·基诺里，意大利最古老的的瓷器品牌）用来插花。

为了不暴露断口，把好的一面朝外。我非常喜欢这只咖啡杯。十分珍视爱惜的东西，损坏后能够找到其他用途，可以让自己的内心得到极大的满足，也会更加喜爱。

枡野：是的。知鉴中对物品的深厚感情自不用说，根据知鉴之人的创新能力，可以创造出各种新用途。比如千利休和小堀远州这些茶道家，他们会用倒塌的旧墓石或石灯笼上坏掉的同等物品制作“拼接灯笼”。

冲：发挥创新能力，赋予物品新的生命力，继续使用。这正是知鉴的妙处所在。

枡野：我们寺里种有竹林。竹子这种植物如果放任不管，会越长越密集，其根部张力会被削弱，导致通风不良，竹林本身也会荒废，无法长出高质量的竹笋。所以必须适当地砍掉一些（即间伐）。我们把间伐出来的大量无用的竹子用作烛台，每年除夕的撞钟夜点燃 3000 支蜡烛，将无用的竹子活用做烛台，用以举办“万灯除夜钟”的活动。也是知鉴的一种。

冲：太美妙了。真想欣赏一次。

枡野：烛光照亮院落，有几分幽静玄妙的意趣。虽然只开放两个小时，但每年都有两千多人前来观赏。

冲：真厉害啊。

枡野：物品里倾注了制作之人的生命和能量。做石臼的石头历经千万年后，上面会刻有自己的历史痕迹。要珍惜且尊重这一历史痕迹，决不能粗暴对待，轻易丢弃。这是古时日本人对物品的尊敬之礼，是最基本的价值观。如果日常生活中能奉行这一点，日本就能回到原来的社会。如果拥有活用之心，原本无用的物品也能重新焕发生命力。请带着这样的心态去纠正自己的生活方式。这样一定能切身感受到心灵的富足之感。

每周清理一次冰箱，处理多余的食材

冲：从物尽其用的意义上来说，吃东西也一样重要。

枡野：正是如此。

冲：食物方面我们能做些什么呢？我觉得可以每周一次，**在周末晚上利用冰箱里剩下的食材烹饪晚餐**。同时又能清理冰箱，一举两得。

枡野：冰箱里剩下的食材一般是什么？

冲：虽然肉也会剩不少，但最多的还是蔬菜。超市卖的蔬菜大多不是散装的，如果家里人少很容易剩。

枡野：像黄瓜等，一般都是一包三根。

冲：所以，周末的剩菜料理菜单一般都是以蔬菜为主。

枡野：这是好事情。多吃蔬菜对身体健康有四大好处：①调节心绪；②美白肌肤；③抑制体味；④不易形成过敏体质。肉食主义者暴躁易怒，争强好胜。摔跤选手等运动员要吃许多肉食，据说他们不吃肉食很难有好胜心。此外，肉食主义者大量摄入黑色素，因此肤色会变深，也容易产生体味。

冲：好像欧洲人就是这样，所以他们的香水很畅销。

枡野：包括我自己在内，我们寺院很多和尚在修行之前都患有花粉过敏症。吃了三年的禅宗料理后，突然就痊愈了。因为修行之前多用肉食，修行后改吃蔬菜，有效地改善了过敏体质。事实上，很多人都有这种情况。另一方面，也有人在花粉过敏症治好后又开始吃肉，结果导致复发。

很明显，肉食生活会给健康带来不良影响。我从一位医生朋友那儿听说，似乎有数据表明，肉食摄入过多，患大肠癌的概率也会增大。原本以肉食为主吃饭时就很容易吃撑。而蔬菜多含有纤维，吃起来不容易过量，能自然而然保持八分饱。

冲：所以蔬菜好消化，对身体好。

枡野：是的。虽说大多数人更喜欢肉食，但至少一周要有一天的餐食以蔬菜为主。

冲：从这个角度来看，周末用冰箱里剩余的蔬菜烹饪晚餐，不仅能体现对食物的物尽其用，还能帮助人们养成以蔬菜为主的饮食习惯。如果一开始就抱着不能浪费食物的念头去买菜，会造成心理压力。所以可以换一种思维方式，考虑如何用冰箱里剩余的食材制作简单的餐食。

这样，做菜时可能会觉得还挺开心的，既能产生做菜的动力，又能带来愉悦的心情。人一旦觉得开心或满足，就不会嫌麻烦了。而且说不定在菜谱上还能有所创新，使烹饪剩余食材成为一大乐趣。如果能做到定期清理冰箱，对食材物尽其用，可谓是一石二鸟。

学习禅宗料理（精进料理）对食物生命的尊重

冲：说到对食物的尊重，禅宗料理可以说是做到了极致。

枡野：是的。禅宗料理中代表性的蔬菜杂烩，就是用菜叶、瓜皮之类的东西做成的。比如，萝卜一般来说是削皮后再煮，萝卜皮则丢弃不用。但是在蔬菜杂烩中，包括萝卜皮在内所有部分都可煎炒蒸煮，没有丢弃的部分。

冲：确实如此。

枡野：萝卜把自己全部的生命都奉献给了我们，要尽可能地尊重它，不要浪费其一丝一毫。做到物尽其用。

冲：我平常也会注意尽可能地活用蔬菜的所有部分。比如，萝卜的菜叶可以用盐腌渍做成咸菜，或是用芝麻油、酱油和白糖炒制，做成甜辣萝卜叶。甜辣萝卜叶可以在冰箱里保存好几天，可以用作饭团的馅料，用来做泡饭的配菜也很合适。

枡野：有的人会觉得，出钱买东西的人是自己，怎么吃是自己的自由。在饭馆点了一堆最后却吃不下了，浪费食物的大有人在。

冲：我经常在中餐店中看见这一场景。

枡野：还有就是酒店的自助餐。

冲：看见他们取餐，我总是很震惊，竟然能吃那么多？结果还是浪费不少。

只拿自己吃得下的量，高高兴兴地吃完。这不是理所当然的吗？但那些人却觉得自己没损失，不拿白不拿。

枡野：所以才会浪费食物，真的太可惜了。

冲：而且我们也不可能因为减少浪费就去吃别人剩下的食物。

枡野：我经常和年轻人这么说。比如点单时你花了七百块，就等于花钱买下来用来做菜的萝卜的生命吗？显然不是。事实上谁也没有出这份钱。这七百元只是支付给培育制作食材、运送食材以及烹饪食材的工人们的人工费，谁也没有花钱去买萝卜的生命。它们的生命是免费奉献给我们的，需要充分发挥其生命力。就算是一片萝卜叶，也不能随意切下丢弃。这是不尊重食材生命的表现。这一点对人类来说非常重要。

冲：蔬菜也是有生命的，它们奉献自己的生命以延续我们的生命。浪费食物的人实在应当引以为耻。

僧侣用三根手指手持钵盂的内涵

枡野：无论是素食还是肉食，都受到了食材生命的馈赠。**用餐前说一声"我开动了"，正是对所用食材生命的感谢。**然而，我在各种场合观察过用餐的人们，几乎没有人会虔诚地双手合十说一句"我开动了"。

冲："我开动了""我吃饱了"，不说这些话的成年人越来越多。我母亲是一个非常严格的人，从拿筷子的方式、打招呼及入座的礼仪，到对长辈说话时所用的敬语，事无巨细严格要求。偶然剩饭，她就会疾言厉色地教育我："你说是不是该罚？浪费粮食对得起农民吗？全部吃完，一粒也不许剩下。"

托她的福，我从不挑食，什么都能吃。小时候父母的言传身教是非常重要的。

枡野：是的。必须从小养成良好的生活习惯。只有接受食物的生命才能让人延续自身的生命。懂得这一点，吃饭时自然会诚心说出“我开动了”“我吃饱了”之类感恩的话，也不会因为吃不下就浪费食物。

冲：现在日本人每天都要浪费大量的食物。据政府公报数据显示，日本每年有 1 900 万吨食物被丢弃，仅仅这些食物就能够满足世界上 7 000 万人一年的吃食。真是惊人！

枡野：让人心痛。

冲：说到这我想起来，禅宗里好像有用餐时念诵的经文。

枡野：是的，正是《五观文》。

（1）计功多少，量彼来处；

（2）忖己德行，全缺应供；

（3）防心离过，贪等为宗；

（4）正事良药，为疗形枯；

（5）为成道业，因受此食。

其含义如下：

食物在送到眼前为止要经过许多人的劳作和神佛的护佑，对这种来之不易表示感谢。

思考自己的德行，是否对眼前的食物受之有愧。

对眼前的食物不起贪痴心、嗔恨心。

应将眼前的食物视为饱含天地精华、滋养身体的良药。

为完成修行而接受这一食物。

僧侣们念诵过这篇经文后再开始用餐。多说一句，禅宗里，**吃饭时要用大拇指、食指和中指三根手指拿钵盂**，这样就能保持脊背笔直，自然姿势优雅。这才是**享用食物生命时的姿态。**

冲：这虽然是禅宗修行的方法，但对普通人来说也具有重大指导意义。

枡野：大家也一定要试试吃饭时背诵经文，且用三根手指拿饭碗。这样可以切实感受到享用食物生命之感。

房间干净整洁的人，生活必定井然有序

枡野：又回到刚才的话题，我认为，一个人如果能长期且爱惜使用修补细致的物品，家里大多也会收拾得干净整洁。

冲：确实可以这么说。反过来也一样，**家里收拾得干净整洁的人，大多会购买品质良好的物品，勤加保养，珍惜使用。**比如，德国人大多重视鞋子，购买质量好的鞋子且勤加保养的人，家里一般也非常整洁舒适。

枡野：生活环境整洁，居住于此的人自然内心清明。善于整理物品的人也善于安排生活。因此，购买高档生活必需品，仔细修缮，长期珍惜使用，自然能过上简约朴素的生活。

冲：是的。

枡野：房间收拾得干净整洁的人，生活必定井然有序。

冲：另一方面，房间收拾不好的人也很多。有一句古话叫作“金玉其外，败絮其中”，虚有华美的外表，实质却一团糟，就好比外出时光鲜亮丽家里却乱七八糟的人。他们拥有的物品和居住环境的差距过于夸张。

枡野：因为他们的虚荣心作祟，总是和别人攀比。

冲：从这一点来看，德国人在物品和居住环境方面几乎没有差距。比如，德国人喜欢车。有的人觉得最好的是奔驰，其次是宝马，再次是奥迪。但他们不会因为邻居买了奔驰自己就一定也要买奔驰。**他们本身就没有攀比的想法。非要说比较些什么的话，首先应该是“庭院”和“窗边”**。在德国，无论开多么贵的奔驰，只要院子里的草坪没有修整好或是窗户玻璃没擦干净，就会被认为是个差劲的人，甚至被打上不好的烙印。

枡野：也就是说，不能一切以物质为中心。首先要整理好自己的生活，生活井井有条才有讨论奔驰还是宝马的空间。

冲：因此，**居住的环境**是非常重要的。特别是庭院或窗边等从外面可以看见的地方，是住宅中最需要检查的。

枡野：看看庭院修整得好不好，窗边有没有放上鲜花。

冲：是的。所以，**窗边的鲜花都朝外摆放**。比如很多人的窗边挂着天竺葵，这都是给路人观赏的。这么做有两个目的，一是给路过的行人带来好心情，另一个是向外人夸耀自己多么高尚。

枡野：窗边的环境反映了主人的心灵。所以，他们并不会夸耀自己开高档车，看大屏幕的电视，而是夸耀自己过着高品质的生活，为此修整庭院，装饰窗户。

冲：这一点和日本人很不一样。**他们重视的不是物质，而是生活品质**。容易与他人做比较的衣食住之中，日本人最不看重住。而**德国人最重视住**。

枡野：我去拜访加拿大的朋友时，他对我说："我们家一个月要除好几次草，这样才能保持整洁。而邻居家的草坪疯长得厉害。"言下之意在于"我们家花了那么多心思修整草坪。看，很漂亮吧"，可以感受到他与邻居做比较后的骄傲之情。

冲：我特别能理解。这个场景简直活灵活现。

枡野：他们并非通过物质，而是通过这类环境来体现内心的富足。

冲：我也学习德国人，出门时有一件事必须要做，就是看看自己家外观怎么样，站在他人的角度，看看有没有不干净的地方，有没有需要修理的地方，花草是否修剪整齐、有没有枯萎。

无论对于人来说还是对于家来说，重要的都不是自我评价，而是他人的客观评价。重要的是要在外人眼中也能显得整洁漂亮。从漂亮的住宅前走过，心情也会变得更好。有的房子整理得十分清爽整洁，让人忍不住感叹“真漂亮”“心情好”。从某种意义来说，这种家庭对道路的美化也有所贡献。这些小小的公共心也很重要。

欧美人自己打扫庭院，日本人委托家政公司

枡野：就算房屋只是稍加改造，或是整理庭院，日本人也会委托专业的家政公司来做。而欧美人上到公司高管，下到小职员，一般都是自己动手。

而且大家喜欢特意说给别人听，“这里我们这样改过了呢”。“但是一开始失败了导致漏雨”，这种话说起来还很高兴的样子。可以看出他们干得很开心。“修成这样花了半年时间呢”，这对他们来说是非常值得骄傲的。

无论是住宅改造，还是庭院修整，都是抽时间按自己的喜好亲自动手。这是一件令人非常愉快的事情。自己动手的过程会有心灵满足之感，所以不愿意委托专业人士。

冲：我经常去澳大利亚，那里的劳动力非常缺乏。由于白人至上主义盛行，从事服务业的劳动力不足。新西兰也是如此。而且不管是公司高管，还是掌权的官员，很多人一到下午五六点就立即下班，回家修整庭院或者做木匠活儿。如果房子太大，修整起来就会变得很辛苦，所以大家都只**买自己能照顾得了的房子**。

枡野：是的，就算可以让其他人帮忙，房子大小也要保持在自己控制得了的范围内。

冲：所以他们不需要太大的豪宅。

枡野：总之他们什么都做，而且不会厌烦自己动手。

冲：我在德国的时候也尝试过自己刷墙。但墙壁被我刷得跟涂鸦似的，不得已只好中途放弃，委托给专业人士。刷墙这种事儿没有经验还真是挺难的，需要消耗很大的体力。

专业人士太多是日本的不幸？

枡野：德国人制造的产品非常精细，但反观他们的建筑，却完全称不上华美。

冲：确实似乎缺少了几分细致缜密。

德国制造的产品技术也好性能也好都非常优良，但外观上却略显庸俗，欠缺风雅。

枡野：我去过很多国家，看过很多建筑，像日本这样细致缜密地对待建筑的实属罕见。日本的各行各业都有许多值得尊敬的专业人士，比如泥瓦匠、木工、裱糊匠等。把房子盖得如此精美绝伦。德国没有这些专业人士，而是一般的工人，称不上专业。

在日本，比如说一个水泥工程，就有铸模师傅、钢筋师傅、水泥师傅。所有工程都是由他们分工合作，每个人都赌上自己专家的名声，你争我赶，深恐落后于人，把工作做到极致。因此，日本人可以建造出非常漂亮的建筑。德国的工人既会铸模同时也会绑钢筋，拌水泥也会做，但不专业所以不太可能做到日本这么漂亮。

冲：反过来可以说，德国社会并不那么追求精细。

枡野：没错。所以家里的维修保养交给非专业人士做，也不会有太大的差别。这方面，日本的专业人士做得实在是过于精细美观了，完全没有外行出手的机会，不是我们能涉猎的范围。

冲：这样一来，我们就无法按照自己对住宅的喜好和兴趣自己动手修整了，也不会产生长期爱惜使用的念头。这和德国人热爱自己家的程度完全不同。**因为优秀的专业人士的存在，而无法享受自己动手的乐趣**，总觉得不爽。

枡野：确实如此。

冲：由专业人士分工合作的日本，除了发明创造需要交给专家以外其他都交给工人做的德国，这两者的差异应该是由木文化和石文化的建筑式样不同而产生的。

枡野：也不能这么说。其他国家也有长期的木文化历史，但从房屋结构来看，无论是连接木材的榫还是榫眼，都粗糙得惊人。这在日本是无法想象的。

冲：日本人果然是细致和稳重的。

枡野：这确实在世界上都是值得骄傲的。现在更应该好好发挥这一优点，在发明创造的领域内更加强烈地显示自己的实力。

不要把东西乱扔在地板上

冲：德国人经常说，不要把东西乱扔在地板上。

枡野：是吗？为什么这么说呢？

冲：在地板上乱扔东西，首先容易堆积垃圾积累灰尘，其次污染空气容易生病，再次容易踢到垃圾导致受伤，最后因此生病受伤需要花钱治疗。所以说，东西乱扔在地板上的人存不下钱。在他们的观念中，乱扔东西会带来厄运，导致不幸。所以，去德国人的家里你会发现，地板上真的没有杂物。打扫起来很方便，很干净。

枡野：原来是这样。有道理。实际上日本也有类似的思维方式，不在地板上乱扔东西。

冲：日本是出于什么理由呢？

枡野：地板是用来走路的，从实用方面来说，不能用来放东西。东西要放在桌子上。比如小茶几、托盘、茶托和餐桌之类的地方。

冲：对健康方面的担心与德国有共通之处呢。

枡野：或许是的。

冲：不管怎么说，从扫除的角度来说，不乱扔东西是便于打扫。这是实现简约朴素生活的一大要点。为了保持家中干净整洁，必须彻底贯彻物归原位的原则。

枡野：这已经是基本中的基本了，用完后立即放回原位。

冲：必须固定物品摆放的位置。

枡野：这是保持家中整洁，不增加物品数量的铁的原则。

冲：养成用完后立即放回原位的习惯，便于了解物品的状态，检查是否有破损脏污。发现脏了就擦拭干净，需要打理了就好好保养一番。

但是连这一点都做不到的人很多。这是为什么呢?

枡野：在过去的日本，这被认为是非常理所当然的事情。为什么这么说呢?因为以前都是大家庭。如果谁独占了这一物品，其他人就无法使用了。所以，用完后必须放回原位。然而，二战后经济高速发展，日本社会逐渐形成了以小家庭为主的局面。甚至连电视也能一人一台，生活开始以个人为中心。为此，家人共用一样物品的情况也越来越少。

冲：只要自己知道东西在哪儿就行了。现在经历过集体生活的人，比如住过大学宿舍的人，参加过体育队的合宿训练的人等，都有东西用完后立即放回原位的习惯。不然的话会给其他人添麻烦，被老师和前辈指责。但是，没有经历过这些的人，物归原位的意识就极其淡薄。

在昭和时代的经济高速发展之前，家族成员会共享很多物品。因为和现在不一样，那时的资源非常欠缺。比如矮脚饭桌。吃饭的时候把它拿出来，大家围坐在一起。用完后再叠好放回原位。那时候大家也会自己保养物品。饭前饭后都会擦拭干净，精心使用。

顺便一提，我们家的矮脚饭桌一直是立在墙边的。固定物品的摆放位置，用完后立即物归原位，这件事本身就是一个爱惜物品的行为，能培养人们节俭的观念。

家庭共用物品

冲：当今社会个人主义盛行，连小孩都有自己的房间，拥有自己的电视或电脑。

剪刀、圆珠笔之类的文具也是各用各的，全部收集起来你会发现数量多得惊人。从这点来看，可以把各用各的东西变成全家人共用的，从而减少物品数量。

枡野：您说的没错。最好还是摒弃各用各的这种想法。举个例子，四人家庭每个人都有一把剪刀，其实只要留一把全家共用即可。这样就能把物品数量减少到四分之一。**如果家族共用的物品增加了，大家必然会养成用完后物归原位的习惯。**不会因为东西乱放而导致家中凌乱不堪。

冲：再说一个与此相关的话题，**在德国，儿童房的房门必须是敞开的**，或者设计成穿过家人聚集的客厅等公共空间就能到达的布局。

枡野：他们的房子确实比日本更开放，非常重视家族共有的空间。

冲：日本的儿童房是关着门的。好像在跟人说“别进来”。

枡野：居住环境也确实加速了个人主义的盛行。

冲：日本人更应该重视家人共有的空间。这样一来，全家共用的物品自然会增加，个人所有品也会有所减少。

枡野：我认为这是非常重要的。

在抱怨收纳空间不足之前，应该做些什么

冲：物品数量增加的一大原因，是因为大家严重忽略了一个原则，要根据家中空间的大小来购买物品。

枡野：说得对。这本来应该是理所当然的事情。

冲：是的。然而没有人把这当回事儿。事实上，更多的人反而希望东西有多少空间就有多大。有一次我跟一位建筑

师聊天，听他说了一件很有意思的事情。您平常也关注建筑，想必应该知道，他们在帮客户建房子的时候，每个人都会要求收纳空间越大越好。然而不到一年，就会被很多客户抱怨，说收纳空间不够。

枡野：大家似乎都是如此。由于他们没有根据家中空间大小来购买物品，所以无论家里有多大的收纳空间，都会不断地购买新的物品，到最后放不下了，就开始抱怨收纳空间不够。

冲：那些建筑商们问我，这种时候该怎么办？我说，最好在盖房子的时候就提前告诉客户，要根据家中收纳空间的大小来购买物品。

枡野：如果总是希望东西有多少收纳空间就有多大，是没有止境的。

冲：刚刚我们提到过酒店自助餐的问题，其实也是一样的。每个人的食量是有一定限度的，房子的收纳空间也是如此。如果不考虑收纳空间，怎么做也解决不了问题。因此，建议大家**物品的数量最好限制在收纳空间的六到七成**，常常保留三到四成的弹性空间。这样可以避免拥挤，就算不喜欢，也要严格选择自己真正需要的东西。如此物品数量自然减少，可以避免浪费，也不必把时间浪费在找东西上。而且东西减少后，收纳空间便随之增加，有助于通风换气，家里也不容易累积灰尘。一言以蔽之，就是可以拥有舒适且简约的居住环境。

枡野：抱怨收纳空间不够的人，首先减少自己的物品数量吧。

冲：是的。在开口抱怨之前，要做的事情还多着呢。

通过扫除发现内心的富足

冲：我收到过很多来自日本各地的关于扫除的咨询邮件。一次收到一位年轻女士的来信，她说她非常讨厌打扫卫生，家里也乱七八糟，要怎么做才能喜欢上扫除呢？我在邮件中回复她，不喜欢扫除也没关系，但要把家里收拾干净。我们可以先从擦洗水壶开始。泡茶时需要烧水对吧？水壶二十分钟左右就热了，这时候稍微擦一下。在留有余热时可以轻松祛除污渍。然后试着持续这么做，哪怕一周也好。

一周后，这位年轻女士回信了。

“每次烧完水后擦洗水壶的话，水壶会干净得闪闪发光。水壶干净了就想把灶台也擦干净，于是又趁热擦完灶台。这样灶台也干净了。真的太感谢了！”邮件里还附着一张照片，照片里水壶和灶台干净得闪闪发光，我也觉得很开心。

枡野：她已经迈出了打扫卫生的第一步了。一开始就想全部做完一定会觉得厌烦。

冲：是的。所以我回信说，每次用完东西后顺手擦拭，自然会养成习惯，不知不觉家里会变得非常干净。**不喜欢扫除也没关系**。对于那些讨厌打扫卫生的人，不能强迫他们干这干那，这样只会让他们更加厌烦，适得其反。不要强迫自己去打扫干净，在日常生活中养成卫生习惯就行，这样效果更好。

枡野：是的。自己体验擦洗水壶后看着它焕然一新的愉悦和清爽的感觉，比什么都重要。

冲：没错。这样一来，他们还会想到灶台也应该打扫干净。

枡野：水壶变干净了，那把灶台也擦干净吧。**这样一点一点地祛除污渍，整肃心灵。连锁反应之下心灵也会整肃一新。**

冲：发现如此轻松就能打扫干净后，会想着这里也清洁一下、那里也打扫一下吧。家里变干净后，自然也会只购买生活必需品，且长期爱惜使用。通过扫除发现内心的富足。

枡野：这是心灵和扫除之间关系的象征。

整理是下一次的准备工作

冲：不可思议的是，热爱一切家务活的人是不存在的。比如，大多数喜欢烹饪的人都不擅长扫除。而喜欢扫除的人——当然这并不多——大多不擅长做饭。

枡野：考虑到住宅的生活环境，无论多么喜欢烹饪，如果讨厌扫除，不懂得保持整洁，也是很麻烦的。

冲：是的。不过这只要养成良好的生活习惯就能改正过来。最好养成**一边做饭一边收拾**的习惯。专业厨师在烹饪完的同时就全部收拾干净了。

枡野：因为他们做一样收拾一样。

冲：正是如此。做一样收拾一样是非常重要的。全部累积到做完再收拾会很麻烦，从卫生管理方面来说必须这么做，要珍惜烹饪工具，等等。总之就是片刻不停。

枡野：让人意外的是，很多人都没有注意到，收拾整理并不是简单的事后工作，也是为下一次工作做准备。**整理是下一次的准备工作。**

冲：没错。就是为下一次做准备。

枡野：善后工作让人厌烦，所以不如将它看作下一次的准备工作。善后工作过于被动，事前准备则更为积极向上。

冲：做晚饭、收拾餐桌、洗东西，离开厨房前先稍微环顾一下，看看还有什么要做的。比如擦拭地板上的污渍，或擦洗微波炉四周。不要乱扔厨具。**用完后立刻整理。**这样第二天站在厨房的心情才会更好，做起饭来也会更轻松。

枡野：工作也好任何事情也好，都是一样的。收拾整理是为了下一次工作进行得更加顺利。大家应该明白这个道理。

冲：会议结束后，整理会议桌，擦拭干净。这样会议桌能时刻保持干净，下一次开会时也能拥有好心情。用完后仔细保养，这既是下一次的准备工作，也是爱惜物品的重要方法。

枡野：正是如此。随时整理只是举手之劳。放任不管事后反而麻烦。“禅即行动”说的就是这个道理。付诸行动最重要，千万不要养成拖延的习惯。

购买质量好的物品，一边修缮，一边爱惜使用

- 通过“知鉴”激发物品生命力，物尽其用。

“我开动了”是感激食材献出生命

- 每周一次，用冰箱里的剩余食材做菜。

物品要放在该放的地方，保持该有的状态

- 摒弃各用各的生活方式，家族共用物品。
- 用后立即收拾整理，整理是下一次的准备工作。

珍惜生活，感受斗转星移

将自然融入生活

冲： 虽然拥有很多，却感受不到内心的富足。这样的人基本上应该减少物品数量，只保留必需品。而养成这一习惯的突破口在于将自然融入生活。比如，每天早上前往车站时，试着留意一下平常注意不到的路边花草。早春的苦菊菜、阿拉伯婆婆纳、鹅肠菜、酸浆草……你会发现，娇小可爱的花朵们一边承受着风吹雨淋，一边骄傲地盛放。

枡野：大家一定要试试看。稍微早起一些，步行到车站。如果坐公交，可以稍微早下车几分钟，你会发现很多平常被自己忽略的地方。

冲：你会惊讶地发现，路边竟然长着这样的野草！

枡野：而且心情会变得清爽愉悦。

冲：所以，一直步行去车站的人，也不要一味埋头苦走，放慢脚步，留意脚下。花些心思去欣赏路边的花草。如此一来，在家时也能养成注意脚下的习惯。你会突然发现，哇，地板上怎么堆了那么多东西，家里怎么那么多灰尘。

枡野：亲近自然的生活方式会使人内心富足。原本日本人就是顺应四季变化、与自然共同生活的。

人本来就是自然的一部分。远离自然的生活方式会使人内心空虚。

冲：来日本旅行的外国人越来越多，很多人跟我说过日本的优点。其中，让很多海外游客感到吃惊的是，高新技术和传统文化在日本得以共存。**日本传统文化的基础就是和自然共生共存**，不会以强力征服自然。不过，让外国人交口称赞的传统文化中，靠相关人士的努力才得以保存流传的也不在少数。这些优点原本不应该由外国人告诉我们，日本人自己本该注意到，并加以重视。

枡野：从这种意义上来说，把大自然融入生活中是一件非常好的事情。正如您刚才所说，从前日本人认为，衣食住行等一切顺应自然的生活方式是理所当然的。

冲：我认为，可以在日复一日的生活中找回更加浓厚的季节感。比如在正月初七熬七草粥。七草为水芹、荠菜、鼠粬草、繁缕、宝盖草、铃菜、莱菔，小时候曾经拼命背诵。荠菜又名护生草，鼠粬草别称母子草，繁缕即鹅肠草，铃菜指的是芜菁，莱菔是白萝卜的别称。

枡野：食七草粥的习俗于江户时期开始广为流传。虽然七草的种类会根据时代变迁和地方迁移发生变化，但在新年伊始祈求五谷丰登和家人平安的心情都是一样的。七草粥还有调理肠胃的作用，可以调理新年期间吃多了酒肉的肠胃。

冲：我们家每年都吃。但这本来就是旧历的风俗，现在公历新年和旧历的时间相差近一个月，很难买到当季的七草。

枡野：只能买人工培育的了。

冲：不想买大棚蔬菜的人也可以提前一个月准备几样当季的菜来煮粥。收集齐全可能有些困难，但像荠菜这种就比较常见。

枡野：用这种方式将自然融入日常生活，真的很棒。我在这里想再次重申，人类也是自然的一部分，自然并不是为了人类才存在的。必须时刻牢记人类和自然是共生共荣的。顺应春夏秋冬的变迁生活，这才是日本人的原本姿态。

冲：然而人往往贪图安逸。别说和自然共生共荣了，稍微热一点或是冷一点就要开空调。

枡野：为了稍微过得轻松，住得舒适，拒绝顺应四季变迁，逃避自然规律。难怪人明明生活在自然之中，生理机能却总是出现各种问题。

冲：夏日酷暑，冬日严寒，本来就是理所当然的事情。

枡野：现在的人夏天要凉爽，冬天要暖和，甚至要求过度的凉爽和温暖。这是一种操控自然，要求自然顺应的做法，从这里可以感受到人类的傲慢。当然，现在空调对于都市生活来说是不可或缺的，这是不争的事实。天热时开窗就寝，从防盗方面来说也不现实。但是一到夏天，就二十四小时开着空调，不开一次窗户。像这种过分依赖空调的生活，不得不说实在过于远离自然了。

冲：确实，很多人夏天都整天开着空调。但如果不开窗换气，家里的空气一定会污浊凝滞。我们家无论夏天多热，都一定安排开窗换气的时间。

枡野：只有这样才能感受到今天有多热。夏天酷暑难当是很正常的，应该切身感受。

夏日纳凉的古老智慧

冲：日本的夏天闷热难耐，自古以来就有许多充满智慧的纳凉方法。比如种丝瓜或者洒水。

枡野：还有种牵牛花。

冲：是的，虽然只是一些小窍门，但在酷暑之中可以缓和心情。小时候，父亲每年夏天都会在朝南的窗户边搭上丝瓜棚。藤蔓缠绕、叶片繁茂时，会起到很好的遮阳效果，让人感觉凉爽，就像现在的绿植墙一样。

丝瓜成熟后，可以做成丝瓜络用来刷锅，还可以用来搓澡，非常好用。切断藤蔓后采集到的丝瓜水可以用作小孩子的夏日防晒化妆水。

枡野：过去很多家庭都用这些方法。大家都会活用丝瓜。往院子洒水也是消暑的好方法之一。光是“啪”地泼出去的一瞬间就能让人感觉凉爽。而且，洒水降温是有科学依据的。

冲：以前洒水时一般是用剩下的洗澡水，现在一般用自来水。为了节约资源，我们应当学习先人的智慧。

枡野：非常有道理。

冲：还有风铃，风吹过时叮叮当当的声音也会让人感觉凉爽。

枡野：风铃既有情调，又能让人心情愉悦。并不是说它能降低温度，而是风铃清凉的音色会让人瞬间忘记酷热。有很多这样感性的日本人。这一点在世界上也是值得骄傲的。

冲：风铃的诀窍是挂在通风透气的“风之甬道”。但是，风太大时最好取下来。风铃偶尔叮当作响才叫情调，如果每天叮当个没完，会打扰到邻居，就谈不上任何情调了。

枡野：可以说是庸俗不知趣的极致了。还真有人一年四季都挂着。

冲：看着就觉得悲哀。

枡野：冬天挂风铃也太凄凉了。

冲：没错。

枡野：过去有很多家庭会在屋檐上挂着“兔角蕨”，现在很少看见了。把野生蕨类植物晒干做成圆球状挂在屋檐下，也有人会在下面再挂一个风铃。

冲：那也很不错，营造出一种清凉的氛围。

枡野：过去日本人有很多纳凉的好方法，活学活用，以此度过炎炎夏日。这才是心灵富足的生活。整天待在有空调的房间里，感受不到夏季纳凉的喜悦。

冲：然而，最近好像有很多人投诉风铃的声音太吵了。

枡野：前几年的夏天确实闹得沸沸扬扬。

冲：想来好像也有风铃质量方面的问题。廉价且粗制滥造的风铃声音刺耳，有的人可能会觉得很吵。廉价的玻璃或其他材质只要一点点风就会发出碰撞声，年复一年地叮叮作响。与此相比，质量好的铁风铃需要一定程度的风才会发出声音，既不吵闹，音色也很温和。我很喜欢姬路传统工艺制作的铁制火箸风铃，铁器碰撞发出的声音真的非常温和，让人心绪平静。

枡野：或许真的跟品质有关系。

冲：进一步来说，我觉得还有礼仪方面的问题，有的人在风大的夜晚还挂着风铃。不了解过去的礼仪、不知趣的人也越来越多了。

枡野：现如今是强烈主张个人权利的时代，这方面或许也造成了一定影响。前一段时间，千叶县还有居民嫌小孩子吵闹，反对在附近开设幼儿园，引起热议。这两件事都是一样的。自己对任何事都有反对的权利，这种意识在社会中越来越强烈。我认为这是令人悲哀的一件事。

冲：比如美国人这方面的权利意识就非常突出。

枡野：美国是一个移民国家，每个人对于常识的标准不一样，让所有人奉行同种价值观是不可能的。

但日本社会自古以来就具备共同的判断基准和价值观。以风铃为例，这是夏季的特有物品，无论是谁都会对风铃有清凉的印象。没有必要特地去摧毁这一认知。当然，有一点还是要强调的，凡事向美国效仿是一件值得斟酌的事情。

冲：为了让大家都能心情愉快地享受日本传统的夏日风俗，必须遵守使用风铃的礼仪。最重要的是要买高质量的风铃。贪便宜购买粗制滥造的风铃，产生的噪声反而会骚扰邻居，引起不必要的麻烦，得不偿失。买好的风铃，且爱惜使用，今后几年乃至十几年都能享受到夏天的乐趣。肯定是这样更值得。更重要的是，这样能获得心灵的满足。

枡野：正是如此。

爱惜物品的习惯

冲：在我小时候，暑假结束后，母亲总会收起风铃和木垫，把浴衣洗净晒干。看到这些，我就知道夏天已经结束了，总有些说不清道不明的寂寞。

枡野：在过去，四季变化和生活是息息相关的。

冲：这也能培养我们保养和爱惜物品、长期使用的习惯。

枡野：是的。比如，僧侣们的衣服有三四种，冬天穿夹袄，夏天为丝绵或薄纱，春秋则是绢制的单衣。每到换季时，必须在晒不到太阳且通风良好的地方阴干，祛除湿气。阴干后，仔细检查有没有污渍或破损。没什么问题就叠放整齐，用专门的包装纸包起来放好。还可以放入驱虫用的香包。

如果有什么问题，就拿去给浆洗缝补的匠人清理。

冲：阴干时会注意到哪里有污渍或破损，这也是保养的一个机会。阴干衣物是初夏或初秋才有的特色行为。

枡野：没错。这也是提醒我们要珍惜爱惜物品的机会。

冲：这是一种督促自己爱惜物品的习惯。衣服破了必须缝补，脏了必须洗涤。我们要养成自觉这么做的习惯，养成爱惜物品的习惯。顺应四季变换才能做到这一点。

枡野：正是如此。然而，现在的衣服都塞在衣柜里。很少穿的也不会拿去清洗，一直在衣橱里沉睡。西式服装无需像和服那样阴干。所以，衣服有破损或污渍也很难发现。

本来是只要发现了就能洗掉的污渍，久而久之也洗不掉了，最后不得不扔掉。这样的例子数不胜数。我觉得这也是导致物品越来越多的原因之一。

冲：西式服装也要仔细阴干检查是否有破损或污渍，养成爱惜物品的习惯。

大屋檐上的古智慧

冲：从将自然融入生活的含义来看，与您擅长的庭园美学和住宅也有很重要的关系呢。

枡野：这是最重要的部分。过去日本人能从中感受到内心的富足。现在的房子屋檐短得吓人，以前日本人的房子不是这样的，屋檐更大更长。

大屋檐夏天能够遮挡阳光暑气，冬天又能将温暖的阳光引入室内。其中最合适的屋檐长度是日本人经过反复试验摸索出来的。还有，日式住宅是木质建筑，墙壁是土砌的，拉门和隔扇是纸糊的，因此抵御风雨的能力较弱。这也是建造大屋檐的一大原因。

冲：欧洲是石文化，不管风吹雨打都没关系。

枡野：是的，所以这个大屋檐不是随随便便造的，而是根据日本木文化的底蕴和气候风土得出的最佳方案，是有道理的。

冲：这是古时先人的智慧。

枡野：然而，如今人们一味考虑成本，将屋檐建得越来越小，夏天可就惨了。阳光直射进来，冷气开得足也没什么用。**建造大屋檐可以遮挡阳光，提升空调功效。这样就不用一味依赖冷气了。大屋檐不仅使夏季更凉爽，还使冬天室内更加温暖。**

冲：因为冬天阳光可以照进房间。但是，明明有如此优秀的住宅文化，却因成本而舍弃，实在太令人感到遗憾了。

枡野：没错。为了削减成本而缩短屋檐的做法是应该进行反省了。日本应该恢复到大屋檐时期。

冲：自己建房子时，多多少少会在意成本，但要意识到有了大屋檐就能和自然共生共存，就愿意多花点钱了。

枡野：是的。如果条件允许，一定要这么做。

可以享受庭院乐趣的宽敞檐廊

枡野：再提一个有关住宅的话题。日本自古以来就非常重视庭院。庭院象征着自然，或者说是抽象化的自然。

因此，在建筑物之内也能感受到四季变换的宽敞檐廊就尤为重要。

冲：所谓檐廊，是面向房间建造的较宽的走廊吧。

枡野：是的。日本人非常重视这种既非室内也非室外的中间地带，所以在住宅中留出非常大的空间建造檐廊。坐在这里可以产生一种置身庭院的感觉。日本的木质住宅从结构上来说就算没有墙壁也是成立的。只要打开正对庭院的拉门，庭院的景色就能尽收眼底。日式住宅虽受建筑物规模的影响，但通常坐在客厅里的视线高度和站在庭院里是一样的。为了坐在家中就能享受庭院内的自然风景，过去的日本人花了很多心思。

枡野：是的。然而现在的住宅开口（窗口、出入口等面向外侧的部分）面积非常有限，很难像檐廊一样和户外空间融为一体。

冲：像檐廊这样拉开门就能和庭院融为一体的宽敞空间真的非常重要，可以切身感受到四季变换。

枡野：和大屋檐一样，日本应该重新找回住宅中的檐廊。

冲：实际上，**我们家总是把阳台打扫得一尘不染，可以从房间直接光脚走出去**，不用特意在阳台放一双替换用的拖鞋。一穿上拖鞋就会有一种内外完全被分割开来的感觉，我不喜欢。

枡野：这个方法可以提高室内外空间的连续性，更容易接触自然。光脚走到户外也很好，可以亲身感受自然。

冲：是的。将户外作为房间的一部分来使用，会觉得房间也变大了。我有的朋友非常擅长活用阳台，他在阳台上安了竹帘，只要打开窗户，室内和阳台就融为一体了。

枡野：这真是个好主意。有点像宽檐廊和窄廊的结合体。

冲：没错，有点檐廊的感觉。**集合住宅花点心思也能将自然融入日常生活中。**

枡野：阳台上还可以种植花草蔬菜，或是设置丝瓜、苦瓜之类的绿植墙。室内则放置盆栽或观叶植物。这些方法简单易行。现在的住宅没有以前的檐廊，为了亲近自然需要自己开动脑筋。方法有很多。

冲：说到居住空间和外部空间的一体化，房间最好有多个开口处。当然要在建筑构造允许的范围之内。

枡野：除了需要保持安静和保护隐私的地方，其他地方的开口处都是越大越好。特别是正对庭院的地方，或是能看见公园绿景之类能感受到自然风景的地方，要尽量开到最大。

冲：住宅开口处的设计也是挑选公寓的一大重点。

枡野：肯定还是阳台或露台宽敞的公寓最好。其次最好尽量选择雁行式公寓。所谓雁行式，是指各个住户并没有并排相连的建筑方式，由于房间格局大多类似边角屋，采光和通风良好。各个住户之间的独立性也很高，可以保护隐私。

冲：和把一整排房子纵向切开的“羊羹（日式甜品的一种，豆类制成的长条果冻状点心）式”公寓相比，居住品质高得多。

枡野：确实如此。

冲：为了保持房间的干净整洁，通风良好的房子是首选。

枡野：夏天也能吹到风，不太需要开空调。

冲：这种房子明明优点很多，却很少见，想来应该是成本的问题。

枡野：是的。为了压缩成本，公寓大部分都会盖成羊羹型。但只要去找还是有的。考虑到生活品质，就算价格稍高也应该选择雁行式。

冲：没错。房子是一辈子的事情。

顺应自然，简约生活

冲：如果想要整理房间、打造简约朴素的生活，将自然融入生活是非常重要的。

枡野：最好的方法是**找到合乎自然之道的生活方式。**自然的一切存在都是合理的。多余的物品一概不需要。只要配合自然，顺应四季变化而生活，就能整理好生活，合乎自然之道。

冲：自然的一切都是有意义的。

枡野：一草一木，都向着太阳努力伸展枝叶。

冲：它们为了生存而追寻阳光。

枡野：是的。自然界的一切存在和活动都有它的意义。没有毫无意义的事物，一切都是合理的。正因如此，它才会存在。

冲：杂草也好任何事物也好，都是如此。

枡野：所以，要像所有存在于自然的事物一样，身边只留下对生活具有必要意义的物品。这样就不会出现收纳空间不足或是脏乱难以打扫之类的问题了。

冲：也就是说，只保留自己生活中真正需要的物品或是真正有意义的物品。

枡野：生活要合乎自然和充满必要性。

冲：在融入自然的过程中学习这一道理，逐渐就能过上简约的生活。

枡野：没错。只要顺应四季变换而生活，自然就能赋予我们反思的机会和时间，思考自己的生活是否圆满，自己的生活方式是否合适。比如，夏天一热就整天不开窗户开着空调。现在我们自己会去反思，这样一点儿也不顺应自然。试着打开窗户通风换气时，意外地发现，不开空调也可以度过。住在公共住宅的话，可以换一所通风良好的公寓角屋，切身感受这样的效果。最终实现不过分依赖空调的生活。

学习自然，反思自我，再虚心求教。长此以往，生活整肃一新。形成良性循环后，自然可以过上简约朴素的生活。

冲：我们生活在一个需要担心天气变化的时代。但冬天依旧寒冷，夏天依旧炎热。春夏秋冬变换依旧。人们顺应这种变化而生活，可以从自然中学到很多道理，过上安稳的生活。

枡野：是的。**将自然融入生活，细心整顿生活**。这样，大大小小的事情都能变得顺利，言行举止也会变得稳重。为了享受更好的人生，践行这一点是最重要的。

冲：学习自然，细心生活。这样才能拥有丰富的人生。

享受四季变换是奢侈的事情

枡野：过去的人认为可以感受四季变换是最奢侈的事情。为此，每到换季时，桌椅、屏风、隔扇之类的日常家具全部都要更换。换季将近时，将现在用的家具收好，再从储物室拿出适合下一个季节的家具。

比如，春天就用画有梅花或樱花的屏风或挂画，使用雕刻精美的餐具，迎接新季节的到来。和服也是一样，穿着绘有梅花或樱花的款式。

冲: 虽然是很费工夫的事情，但从中可以体会到充实和喜悦。

枡野： 这就是日本人的美学意识。

冲： 但是，这样需要备齐全套所有季节的家具，在现代来说是难以实现的。这样会增加大量的物品，而且需要巨大的仓库。那应该怎么办呢？**换季时只要替换其中一部分即可**。比如，为了感受春天的气息，可以只把小菜碟换成梅花图案的。感受到秋天的脚步声越来越近了，再拿出绘有红叶的碟子。光凭这些东西就能让餐桌充满季节感。

枡野： 到了夏天可以试着摆上色彩鲜艳的四角玻璃器皿。

冲： 这样餐桌会显得非常凉爽。比如，用四角玻璃餐盘盛放冷意面，再装饰上一片罗勒叶。这样就成了一道适合夏季时的清爽料理。

罗勒、香芹、芝麻菜等香料都可以种在阳台上的花盆里，要用时随手一摘就行。阳台种蔬菜也是将自然融入生活的好方法。

枡野：真的很棒。冬天就拿出较为厚重的让人一看就觉得暖洋洋的器具，咕噜咕噜地炖一锅菜。

冲：生活中任何一样东西都可以配合四季变换、营造季节感。这就是顺应季节变换，张弛有度的生活。

枡野：没错，这一点很重要。

用铁壶煮水、泡茶

枡野：禅语有云：吃茶吃饭。意思是喝茶时便专心喝茶，吃饭时便专心吃饭。

禅的思想中没有“一心多用”的思维方式。要时刻将注意力集中在眼前的事情上，集中精力。禅宗认为这才是最重要的。（不会边吃饭边玩手机）

冲：眼前的一杯茶和一碗饭都要仔细品味。

枡野：正是如此。为此，烹茶时可以用铁壶煮水。铁壶煮出来的水和普通水壶烧出来的味道完全不同。

冲：确实很不一样。

枡野：如果用井水就更美味了。

冲：还有炭火。

枡野：用铁壶煮水时，柴火烧出来的水口感最好，木炭次之。泡澡也是一样，真的只有柴火烧出来的水最舒服。

冲：原来最好的是柴火啊，但普通家庭的住宅是无法做到的。

枡野：是的。

冲：我自己会用火盆烧炭。大约三年前左右，公司同事家里有个闲置的火盆，就送给我了。我就买了配套的铁壶来用。将铁壶置于炭火之上，煮出来的水不仅使泡的绿茶更清爽，连咖啡和红茶的口感也能很好地衬托出来。真的非常好喝。和煤气灶烧出来的水口感完全不同。

枡野：如果平常喝惯了铁壶煮出来的水，就会觉得普通水壶烧的水喝起来舌头火辣辣的。电磁炉瞬间烧好的开水刺激性就更强了，完全没有味道。

冲：铁壶煮水别有一番滋味。

枡野：这是因为铁壶煮水时会释放出少许人体需要的铁元素，可以祛除自来水里面的氯气。这便是水质变得醇厚的原因。可话说回来，不习惯烧炭的人一定会觉得很麻烦。

冲：没错，但这份辛苦是值得的。我把火盆放在玄关附近，来客人了就在那里煮茶招待他们。木炭装在竹篓里放在房间一角，兼作室内装饰和除臭剂。

枡野：这是最好的招待了。

冲：大家都很开心。特别是烧炭煮水的时间。简茶慢烹的时间让人心情平静，感觉非常棒。

枡野：精神都集中在煮茶上，内心渐渐平静、舒适。这种感觉非常珍贵，和在煤气灶动动手指按下按钮的感觉完全不一样。轻易到手或是他人准备好的东西，人们不懂得感恩，会简单对待。一杯清茶也是如此。打开煤气灶烧开的热水，和花费心思用炭火烹煮的热水，两种水泡出的茶，你会用心品味哪一种？答案不言而喻。

冲：没错。所以就算麻烦也愿意花心思去用炭火煮水。

枡野：这才是细致的生活。

冲：但是，因为用炭火煮水确实太麻烦了，所以只在客人来访的时候或周末，或者感到有些疲惫的时候才会这么做。

枡野：我认为这样就足够了。压力太大、忙碌到遗失本心的时候，悠闲地烧一盆炭火，重整心境。建议大家买一个火盆和铁壶，周末烧一盆炭火煮一杯清茶，细细品味，相信一定可以一扫平日的疲倦。

冲：为此，房间也必须收拾得舒适整洁。好不容易泡好的茶，如果周围堆满垃圾，心绪也不可能平静，白白糟蹋了好茶。

家里长霉的人和干净整洁的人

冲：我之前主持电视节目（TBS 电视台《中居正宏的周五拜访录》和《进击吧！邻居的顽固污渍》）的时候，曾经拜访过一户人家。这户人家有两个小孩，分别是三岁和五岁。走进房子里时我着实大吃一惊。房间里堆满了乱七八糟的东西，浴室和厕所都发霉了。虽然这么说有些没礼貌，但真亏他们能住得下去。而且孩子们哭得呼天抢地，像是被人架在火上烤一样，真是服了他们了。总之我们节目的宗旨是消灭顽固污渍，撸起袖子干吧。我教女主人如何入手，和她一起动手收拾房间，清洁浴室和厕所的霉菌，把它们擦得闪闪发亮。焕然一新也不过如此，真是干净到把我自己都感动了。打扫完后，一直哇哇大哭的孩子们也不哭了。

枡野：这又是一个非常有意思的话题。

冲：是的。之后停止哭泣的孩子们和女主人说了一句话："妈妈，今天我们能在干净的浴缸里泡澡了，真开心。"

枡野：是吗？孩子们肯定很讨厌之前乱七八糟的房间、脏兮兮的浴室和厕所吧。

冲：这果然是人类的本能。

枡野：没错。脏乱的环境会让人产生生理性厌恶。

冲：一个人如果住在布满灰尘和堆满垃圾的房子里，心绪好不了，会感到焦躁不安。我那时才确信，恶劣的环境确实会对身心造成负面的影响。因为打扫干净后，孩子们马上就不哭了。那时我想，**养育孩子，首先要有一个干净的家。**不是说家里所有地方都要闪闪发亮，至少**常常用水的厨房、厕所和浴室这三个地方要保持清爽干净。**

枡野：老话说得好，环境育人。

冲：确实是这样。我算是亲身体会过了。

枡野：用水的地方很容易发霉。

冲：良好的育儿方式至少要把用水的地方收拾干净。

枡野：反过来说，**建造房子的时候，厕所、浴室、厨房这三大要处就要尽心尽力，精心设计。这样生活中的一切都会变得丰富多彩。**

冲：是的。

枡野：很多人认为用水的地方不在乎是否狭窄，也不需要考虑采光，然而事实并非如此。精心设计的构造能很大程度地改变生活。比如厕所可以稍微做大一些，哪怕多一点空间也好，在里面做个能放下鲜花的装饰架。浴室可以尽量装一个能看见外面的地窗（装在与地板连接处的地方）。

当然要掌握好尺度，保证外面看不见里面。光靠这些设计就能带来完全不一样的心情。

同样大小的空间中，有没有这些配置，日常生活体验完全不同。改造方法也不胜枚举。

冲：用水场所确实是生活的中心。

枡野：是的。这些地方每天都要使用，非常重要。

冲：说到发霉，就算都住在一所公寓，布局相同，也有的人家里会发霉，有的却不会。这取决于不同的生活方式。家里长满霉菌的人，就算没洗的衣服堆积如山，也能毫不在意地过上好几天。而家里干净整洁的人非常注意开窗通风，或是打开换气扇排出湿气。他们更愿意花费工夫努力打扫，维持整洁。

枡野：有的人连壁橱都会放上空木垫，这样有助于空气流通，很好地改善收纳效果。空木垫不仅可以放在被褥下面，还能放在柜子内部的墙壁上，使空气流通，排出湿气。

冲：古人充满智慧。空木垫是其中的代表，藤条箱子也一样。

枡野：因为日本是个湿气重的国家。古人累积了大量的经验，告诉我们怎样才不会发霉。

冲：一定要珍视古人的智慧，不能浪费。

自我规范

冲：我经常和同事说，**感到心烦就去擦厕所**。一心不乱地擦拭，厕所会变得干净整洁，心灵也会变得清爽明快。

枡野：这是一个好方法。

冲：试过的员工都这么说，心情变得爽快了。

枡野：人们只要置身干净整洁的空间，筋骨自然会得以舒展。这是因为整顿内心之后，纷乱的内心变得平静，不再迷惘，筋骨和内心都会舒展开来，就连行为举止也会更加规范、稳重。相反，置身凌乱脏污之处，言行举止也会受到污染，变得言行无状。

冲：正因如此，我们必须整理身边的环境，规范自己的生活。

枡野：没错。

冲：以您的职业和名气，出门一定很麻烦吧。不知道什么时候在哪里就会被别人认出来，必须时刻注意自己的言行举止。

比如时时都要坐正站直，保持仪态。

枡野：确实会有这样的意识，但并不会勉强自己保持良好的姿势。僧侣讲究“行住坐卧”，每日对行为举止的整肃都是修行。每天重复修行，脊背自然笔直，可以说是很轻松自在的，让人心情愉快的事情。弯腰驼背对我们来说反而很不舒服。很容易感到别扭和疲倦。

冲：为什么这么说呢？

枡野：身体记住了正确的姿势，弯腰驼背的话骨头和内脏就不能处于它们该在的地方，受到压迫，所以身体会觉得不自在。人类也是自然的一部分，什么东西在什么地方都是固定的，不然身体会不舒服。这和季节变换是一样的，春夏秋冬都是固定的顺序。

冲：原来如此。

枡野：所以弯腰驼背等不雅姿势会压迫内脏，让人不舒服。反而坐正站直会使人心情愉快。身体记住这种感觉后，只要姿势不对，身体就会自然做出反应进行修正。在不知不觉中整肃行为举止，这便是禅宗的修行。

冲：世界上的家庭主妇都一样，一个人在家时，行为举止都容易变得懒散。说来有些不好意思，要预防这种现象，就要从外部客观看待自己，站在他人的角度审视自己。

枡野：是的。我把它称作“**自我规范**”。

冲：也就是给自己设定框架，一步也不能越出，严于律己。

枡野：我认为这非常重要。**如果能过上严于律己的生活，行为举止规范，心灵自然端正。**

转变“被追赶的生活方式”，重新面对自我

冲：现如今内心寂寞的人越来越多。从快速发展的网络购物或电视购物就能看出来，人们试图用丰富的物质来填补内心的空虚。

枡野：没错。人们每天追求信息、追求物质、追求业绩，总是被某些事物所追赶。政治和经济也是如此，总是和邻国互相追赶，整个社会都处于被追赶的状态。我们需要稍微停下脚步，留出平静身心的时间。然而事实却是几乎所有人都很难做到，只是着急忙慌地过着被追赶的生活。

冲：压力无处不在。总是无法平心静气，总是有被某种东西追赶的感觉。这种压力一旦膨胀到再也无法忍受的地步，内心失去平衡，说不定整个人都会崩溃。

枡野：确实如此。现在患抑郁症的人越来越多，每年自杀的人数甚至超过三万，自杀未遂的人数更是达到了十倍以上。真是惊人的数字。究其原因，我们身处于一个“被生活追着跑”的病态社会之中。所以，我们更需要静心反思自我的时间。然而当今社会却完全反过来了，就算一个人独处，也在刷各种社交软件，拼命地和他人建立某种联系。这也是被生活追赶的一大原因。

冲：您说得对。不和人联系心里总会觉得不安。这正是被追赶的生活方式。

枡野：经常用社交软件和人联系的人可能会觉得自己朋友很多吧。然而真正有需要的时候，却找不到一个可以交心的人。

与其在网上结交一百个朋友，不如去交一个真正的朋友，面临困境、陷入绝境时，能够互相倾诉、互相鼓励，做彼此坚强的后盾。这个道理相信大家都明白，需要一个真正的朋友。

冲：所以必须转变被追赶的生活方式，学会独处，留出反思自我的时间。

枡野：建议大家养成早睡早起的习惯，早晨留出一点时间，**扫除、坐禅、散步**。

冲：比如提前三十分就寝，再早起三十分钟。

枡野：这点时间只要有心就能做到。起床后，打开窗户，让新鲜的空气进入房间，再花上五分钟打扫一个地方。今天打扫这里，明天清洁那里。接下来再用十分钟坐禅。静静地坐下，用丹田呼吸。之后开始享用早餐，梳妆打扮，再步行到车站。坐公交上下班的人可以提早一站下车，走上一小段路，观察路边的自然环境，欣赏路旁的花草。

要养成习惯，日日奉行。这样就能从“被追赶的生活方式”中解脱出来了。

冲：“坐禅”还是不要自己随意打坐，最好去寺院里参加体验会，学习坐禅的基本方法。

枡野：是的。坐禅有坐禅的姿势、呼吸方法等基本功，最好去寺院学习一下。比如，有一句禅语叫作“**调身、调息、调心”。姿态（身）端正自然呼吸（息）顺畅，呼吸顺畅自然内心平和。**这就是坐禅的基本功。姿态和呼吸是坐禅的核心。

冲：坐禅之前要先把房间打扫干净，营造一个可以直面自身的清净空间。周围乱七八糟的话，内心是无法平静的。

枡野：您说得对。准备一个最能让自己内心清净的空间，创造能够心绪平和地直面自我的时间。

冲： 要做到这一点，总是要把房间收拾干净整齐，只留下真正的生活必需品，实现简约朴素的生活。

枡野： 正是如此。

活用古人的生活智慧

·纳凉：洒水、挂风铃、种植物。

·和户外融为一体的家：设计大屋檐、檐廊以及公共住宅的阳台。

·保养物品：阴干衣物。

替换部分家具，营造充满季节感的生活

从“被追赶的生活”中解脱出来

·规范行为举止，整肃心灵。早睡早起，扫除、坐禅、散步。

后记

近年来，科学技术的发展可以用“日新月异”来形容。手机和电脑在买下的一瞬间就已经过时。每每有新产品问世或新名词出现，我们都要急急忙忙地去理解它是什么，光是追赶潮流就让人身心俱疲。

社会进步、生活便利确实是一件好事，但是不能过度依赖这种便利。天热就整天开着空调，过分依赖工具和家用电器，远离自然，这样的人会逐渐丧失自然力，这样的身体和精神也算不上健康。

重要的是，享受科技进步的同时不要过分依赖科技。将四季变换的自然环境融入日常的生活当中，偶尔放慢脚步悠闲生活，开动脑筋感受自然。比如，无论是多么寒冷的清晨，也要打开窗，让新鲜空气流入房间中。无论多么炎热的酷暑，偶尔也关掉空调，打开窗户，通风换气。打扫卫生时也要打开窗户，一边通风一边将累积下来的污垢和尘埃扫出屋外。经常开窗通风的房间不容易藏污纳垢，打扫起来非常方便舒适。

稍稍早起一会儿，在自家附近一边散步一边欣赏路旁的野花。

从正月初七的七草粥到冬至的柚子汤，品味随四季变换的时令食材，重拾古老的生活习惯，给平日机械单调的生活增添一抹色彩。在生活中稍微花一点时间和心思，创造身心悠然地直面自然的时间。这和珍爱自然的禅心是相通的。通过此次和枡野大师的对话，我更加确信了一件事：真正"富有的人生"是无法单凭物质而获得的，和自然共生共存的时光才能带来丰富的生活。

衷心感谢我身边所有的亲朋好友。

二〇一六年六月　冲幸子

在这里，倾听内心的声音。

美好生活的关键不在于『获得』想要之物，
而在于『舍弃』不必要的东西。